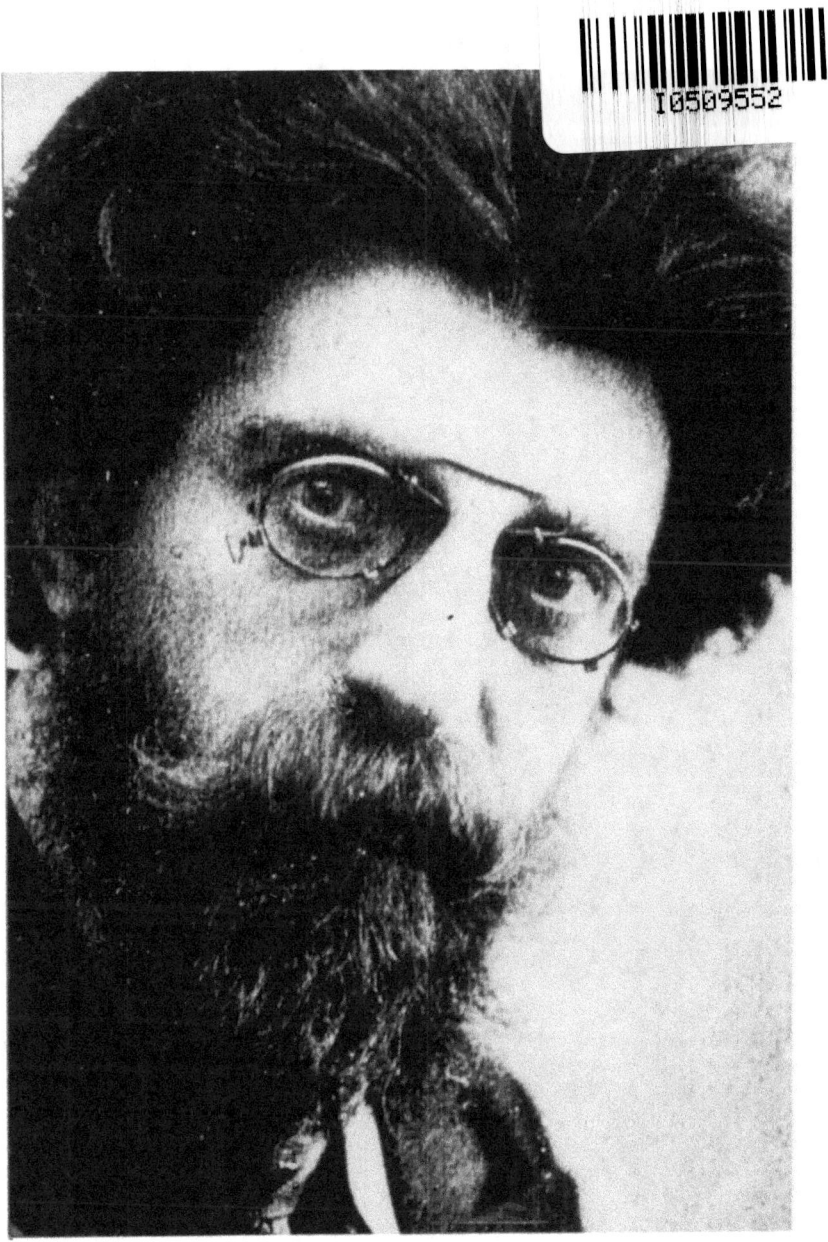

Erich Mühsam

Schriften der
Erich-Mühsam-Gesellschaft
Heft 31

Wie aktuell ist Erich Mühsam?

EMG 2008

Gefördert durch die Hansestadt Lübeck (Bereich Kultur), das Land Schleswig-Holstein, die Possehl-Stiftung Lübeck und die Gemeinnützige Sparkassen-Stiftung Lübeck.
Die Gedenkveranstaltung zur Bücherverbrennung am 26. Mai 2008 in Lübeck wurde gefördert durch die Arbeitsgemeinschaft Literarischer Gesellschaften und Gedenkstätten aus Mitteln des Beauftragten der Bundesregierung für Kultur und Medien aufgrund eines Beschlusses des Deutschen Bundestages.

Herausgeberin: Erich-Mühsam-Gesellschaft e.V., Lübeck
Redaktion: Jürgen-Wolfgang Goette, Sabine Kruse
© : Erich-Mühsam-Gesellschaft 2008;
für die einzelnen Beiträge bei den Autoren und Autorinnen
Textverarbeitung: Gerda Vorkamp, Lübeck
Herstellung: Books on Demand GmbH, Norderstedt
ISSN: 0940-8975
ISBN: 978-3-931079-40-6
Preis: 10,– €

Informationen: Erich-Mühsam-Gesellschaft, Buddenbrookhaus,
Mengstr. 4, 23552 Lübeck
E-Mail: info@buddenbrookhaus.de
www.erich-muehsam-gesellschaft.de

Inhaltsverzeichnis

Einleitung *(Jürgen-Wolfgang Goette/Sabine Kruse)* 6

Thomas Miller
    „Erich Mühsam zum Gedächtnis"
    Clément Moreau und seine Kunstauffassung 9

Johannes Ullmaier
    „Dicke rote Striche unter ganzen Zeilen"
    *Erich Mühsams Tagebuch in der Festungshaft als Prototyp
enteigneter Privatsphäre* 30

Leonhard Schäfer
    Erich Mühsam in Italien 57

Gabriel Kuhn
    Zur englischsprachigen Rezeption Erich Mühsams und dem
Anarchismus in den USA 64

Bernd G. Bauske
    Anarchie des Alltags
    *Bemerkungen zum Werk des französischen Krimiautors
Jean/John Amila/Meckert* 70

Joachim Szodrzynski
    „,Wir Juden' haben so viel mit einander zu schaffen wie ‚wir
Fahrgäste im selben Omnibus'!"
    *Anmerkungen zum Typus des nicht-jüdischen Juden am Beispiel
Erich Mühsams* 87

Sokugayu
    Zur Aktualität Erich Mühsams
    *Versuch einer Erläuterung unseres Ansinnens, Erich Mühsam heute
wieder Gehör zu verschaffen* 105

Jürgen-Wolfgang Goette
    Bücherverbrennung vor 75 Jahren in Lübeck
    Zur Erinnerung ein „Brandfleck" vor dem Buddenbrookhaus 112

Bildnachweis 123

Einleitung

Ist Mühsam noch aktuell? Zum 19. Mal kam ein Kreis interessierter Leute in der Gustav-Heinemann-Bildungsstätte in Malente zusammen, um sich über Mühsam auszutauschen. Die Beiträge der Referenten und der Referentin werden hier abgedruckt.

Eingeleitet wird der Band mit einem Beitrag über Clément Moreaus Werk und Kunstverständnis. Thomas Miller (Zürich), als Vorsitzender der Stiftung Clément Moreau ein ausgewiesener Fachmann, erläuterte, wie stark dieser sich für das Schicksal Erich Mühsams interessiert hat, das er durch eine Serie von Zeichnungen veranschaulicht hat. Im Mittelpunkt der Bilderserie „Nacht über Deutschland" stehe der staatliche Mord. Dass Mühsam seine Ideale nicht verraten habe und seine persönliche Integrität auch unter größtem Druck nie eingebüßt habe, das mache ihn zum „Helden des Widerstands". Moreau habe mit diesen Zeichnungen auf die Öffentlichkeit einwirken wollen. Er sei davon überzeugt gewesen, dass das, was er tut, auch gebraucht wird.

Johannes Ullmaier (Mainz) beschäftigt sich mit den Tagebüchern Mühsams, die in der Haftzeit intensive Mitleser hatten, die Zensoren. Ullmaier zeigt auf, welche Wirkungen diese Zensur auf die Texte gehabt hat, wie sie sich verändert haben. Ullmaier nennt die Tagebücher, die so gar nichts Meisterhaftes an sich zu haben scheinen, Mühsams „eigentliches Meisterwerk".

Leonhard Schäfer (Florenz) geht den Spuren Mühsams in Italien nach. Mühsam war auf seinen Reisen auch in Italien und in der italienischen Schweiz (Ascona). Der Zürcher Nervenarzt Brupbacher hat tiefen Eindruck auf Mühsam gemacht. Auch heute findet, wie Schäfer betont, Mühsam noch Leser.

Im Unterschied zu Italien hat Mühsam Amerika nicht besucht. Trotzdem hat sein Werk auch hier Spuren gelassen, die Gabriel Kuhn (Sundbyberg/Schweden) aufzeigt.

Bernd G. Bauske (Mainz) hat selbst französiche Krimis übersetzt. Er macht deutlich, dass sich die Protagonisten von Amilas Krimis nicht um staatliche Vorschriften kümmern, sondern in einer anderen – sozialen – Werteordnung leben. Durch dieses und in diesem Wertesystem leben sie den Anarchismus des Alltags.

Joachim Szodrzynski (Hamburg) analysiert mit Hilfe der Begrifflichkeit Hannah Arendts die beiden Lebens-Möglichkeiten für Juden, die nicht mehr vorrangig Juden sein wollten. Der eine Weg ist der des Parvenu, der sich anpasst, der sich assimiliert. Der Referent sieht Siegfried Seligmann Mühsam, den Vater Erich Mühsams, als Prototyp dieses Typs. Der andere Weg sei der des Paria, des Rebellen, wie ihn beispielhaft Erich Mühsam vorgelebt hat. Beide Wege seien zum Scheitern verurteilt gewesen.

Die dem Anarchismus verpflichtete Gruppe SOKUGAYU (Hamburg) zeigt auf, dass es immer noch reizvoll ist, Mühsam-Texte zu vertonen und vorzutragen. Wenige Tage nach der Tagung fand in Lübeck eine Gedenkveranstaltung aus Anlass der 75. Wiederkehr der Bücherverbrennung statt. Der Münchner Künstler Wolfram Kastner, der auf der Jahrestagung der Erich-Mühsam-Gesellschaft 2006 zum Thema „Politische Kunst oder ‚gemeinschädliche Sachbeschädigung'" gehalten hatte, brachte vor dem Buddenbrookhaus einen großen Schwarzen Fleck auf dem Pflaster an und dazu das berühmte Heine-Wort („Wo man Bücher verbrennt, verbrennt man auch am Ende Menschen"). Einige Prominente aus der Stadt und viele Schüler und Schülerinnen lasen dazu in einem Lese-Marathon aus Büchern von Autoren und Autorinnen, deren Werke 1933 auf „Schwarzen Listen" standen und verbrannt wurden. Wir dokumentieren diese Veranstaltung durch den Abdruck einiger Fotos und einiger Texte.

Was bleibt? Die Tagebücher Mühsams sind ein „Meisterwerk". Sie zeigen Mühsam auf der Höhe seiner Sprachkraft und geben ein anschauliches Bild der Vorkriegs- und Kriegsjahre sowie seiner Haftzeit. Einen ähnlich klaren Stil zeichnen auch seine Essays aus. Auch viele seiner Gedichte überzeugen noch heute durch ihren oft „leichten Ton", ihren Biss und ihre tiefe Menschlichkeit. Er war kein großer Theoretiker. Seine Dramen wirken teilweise etwas künstlich und bemüht und zu sehr an tagespolitischen Ereignissen orientiert. Formale Experimente fehlen weitgehend in seiner Dichtung. Faszinierend bleibt seine Haltung, die gekennzeichnet ist durch Freiheitsliebe, Zivilcourage und soziale Gerechtigkeit. Er ließ sich nicht beirren durch materielle Schwierigkeiten, Diskriminierungen, Publikationsprobleme und lange Haftzeiten. Seine Persönlichkeit sperrt sich gegen Klassifizierungen. Er war ein Mann der Freiheit, wozu aber auch Widersprüche (Freie Liebe – Ehe; Pazifismus – Revolution; Freiheit – Gewalt) gehören. Widerstand gegen unrechtmäßige, anmaßende Obrigkeit bzw. ungerechtfertigte Autorität, aber auch gegen Tabus, bleibt ein Thema, das immer wieder neue Antworten sucht: „Sich fügen heißt lügen." Mühsam ist aktuell.

Lübeck, im Juli 2008   Jürgen-Wolfgang Goette
                                   Sabine Kruse

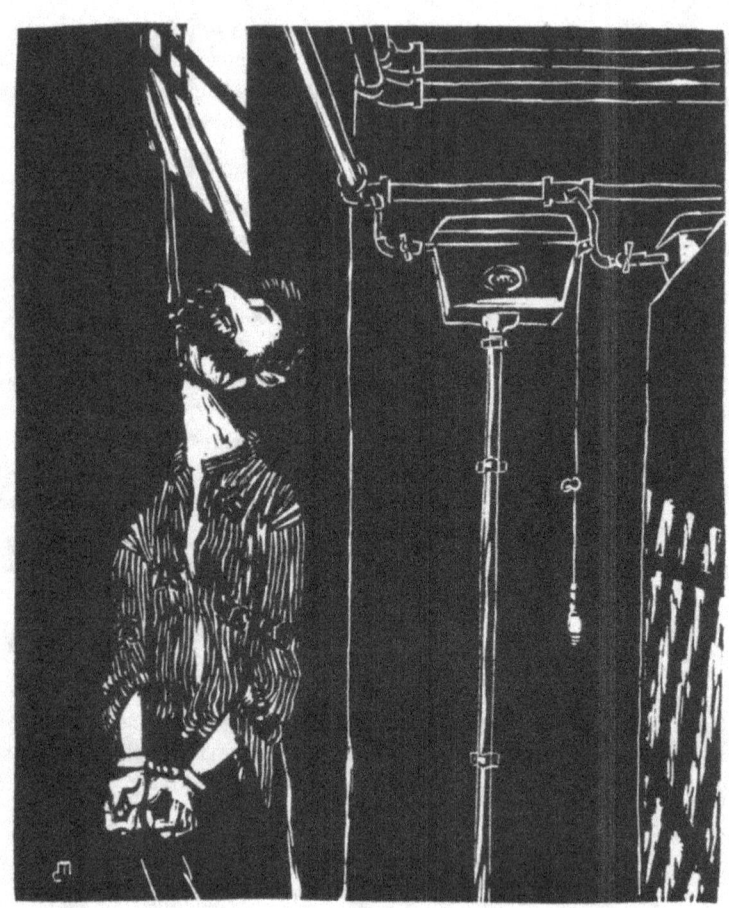

ERICH MÜHSAM ZUM GEDÄCHTNIS

Thomas Miller

„Erich Mühsam zum Gedächtnis"
Clément Moreau und seine Kunstauffassung

„ERICH MÜHSAM ZUM GEDÄCHTNIS"[1], dieses Blatt verbindet die Erich-Mühsam-Gesellschaft mit der Stiftung Clément Moreau. Als mich Jürgen-Wolfgang Goette von der Erich-Mühsam-Gesellschaft zu diesem Vortrag nach Malente eingeladen hatte, war es mir ein Leichtes, ja zu sagen.

Ich war 17 Jahre alt, als ich Clément Moreau zum ersten Mal begegnete. Er unterrichtete damals in St. Gallen Beobachten und Zeichnen. Durch ihn und sein Werk lernte ich das 20. Jahrhundert kennen, und in diese Zeit gehört auch der Dichter und Anarchist Erich Mühsam.

Als wir – der Künstler selber, seine Familie und seine Freunde – 1984 die „Stiftung Clément Moreau" gründeten, ging es uns darum, das Lebenswerk von Clément Moreau vor dem Staat und dem Kunstmarkt zu schützen, so dass es für kommende Generationen erhalten bleibe. Das Gesamtwerk von Clément Moreau umfasst hunderte von Zeichnungen und Linolschnitten. Es ist das Verdienst von Nelly Meffert-Guggenbühl, der Frau von Clément Moreau, dass sein Werk in dieser geschlossenen Form erhalten geblieben ist. Die Stiftung befindet sich im Schweizerischen Sozialarchiv in Zürich.

„von beruf bin ich ein emigrant"

Carl Josef Meffert wurde am 26. März 1903 bei Koblenz am Rhein geboren. Mit 11 Jahren wurde er in ein Erziehungsheim, damals Jugendfürsorge genannt, abgeschoben. Am Ende des Krieges floh er von dort und fand während der Revolutionsjahre Anschluss bei den Spartakisten. Als 17-Jähriger wurde er verhaftet und zu sechs Jahren Zuchthaus verurteilt. Drei Jahre und vier Monate verbrachte er in Einzelhaft.

Es folgte die Zeit der Ausbildung. In Berlin erhielt er durch Käthe Kollwitz und ihren Kreis eine künstlerische und menschliche Ausbildung. Ein Jahr lang wohnte er bei Heinrich und Zofia Vogeler-Marchlewska in der Arbeitersiedlung

---

1 „Erich Mühsam zum Gedächtnis", Linolschnitt auf Japanpapier, 21 cm x 17.5 cm
„Es kommt der Tag da wir uns rächen / Dann werden wir die Richter sein!"
Für den Gen. Oprecht, diesmal ohne Passepartout, Kein Geld.
Erich Mühsam, Linolschnitt auf Japanpapier, 20.5 cm x 17.3 cm
„Lieber gen. O. (Dr. Emil Oprecht) Sie hatten Recht, der Schnitt E.M. war nicht gut genug ich habe ihn neu gemacht. Er geht heute, Montagabend, express weg dann haben Sie ihn Dienstag früh. Hoffentlich gefällt er Ihnen jetzt. Ihr Youph.
Dieser Schnitt erscheint in „Der öffentliche Dienst" (VPOD), 10. August 1934, Nr. 32.

in Britz. In unmittelbarer Nähe, an der Dörchläuchtingstraße 48, lebte der libertäre Dichter, Denker und Politiker Erich Mühsam mit seiner Frau Kreszentia. 1978/79 äußerte sich Clément Moreau in verschiedenen Gesprächen zu der damaligen Zeit.

> Ich kam dann zusammen, über die Käthe Kollwitz, mit dem Heinrich Vogeler, einem Maler damals und dem gegenüber als Nachbar wohnte so ein komischer Kauz, ein Anarchist. Was wusste ich, was ein Anarchist war und der hiess Erich Mühsam. Ein kleinerer Mann mit einem roten Bart, schmal, aber weißt du, der war menschlich sehr anständig. Der war menschlich sehr sympathisch.[2]

Und an einer anderen Stelle:

> Mühsam war auch in der Roten Hilfe und der Arbeiterhilfe, dort hatte ich Kontakt zu ihm. Ich habe lange mit der Roten Hilfe zusammengearbeitet, auch als ich schon nichts mehr mit der Partei zu tun hatte. Bis 35 habe ich für die Rote Hilfe gearbeitet.
>
> Ich hatte Mühsam gern, menschlich, und wir sind menschlich zusammen ausgekommen. Sein Verhalten, seine Lebensweise war äußerst human, immer freundlich, angenehm im Umgang, gewaltlos, er hat nie über andere befohlen, andere belehrt. Er gab Denkanstöße, sonst nichts. Auch seine Beziehung zu seiner Frau Zensi war angenehm, sie strahlten so etwas wie Achtung und Respekt voreinander aus, sie lebten nebeneinander, nicht der eine drüber oder drunter. Darum hatte ich ihn gern. Aber wenn das Thema Politik aufkam, war ich stur. Ich glaube, ich habe ihm noch nicht einmal zugehört, sondem nur gewartet, bis er fertig war, dann habe ich weiter geredet. Da war nichts zu machen.
>
> Ich war damals jung, die erste Solidarität, das erste Erlebnis der Gemeinschaft hatte ich bei den Spartakisten kennen gelernt. In den Sympathisantenkreisen der KPD waren wir ungeschult, wir kannten nur unsere Parteilektüre. So wurde dies für mich die alleinseligmachende Kirche.
>
> Mit Stalin hab ich dann angefangen zu denken, aber damals gab es für uns nur ein Mekka, das war Russland, das war Moskau. Ich stand in Beziehung zu Vogeler und so auch zur KPD. Mühsam war sogar kurze Zeit in der KPD, er ist dann aber rechtzeitig herausgegangen.[3]

Carl Meffert war damals 25 Jahre alt und war ein Schüler von Käthe Kollwitz. Nicht Meisterschüler, sein nicht „makelloser Lebenswandel" ließ es nicht zu, dass er an der Akademie der Künste in Berlin aufgenommen wurde. Er war schwer zu fassen, für die Disziplin einer Partei ungeeignet, und Auseinandersetzungen mit politischen Theorien bedeuteten ihm wenig. Er wollte die verlorenen Jahre nachholen, wollte leben, und seine Welt war das Beobachten und das

---

2 Tonbandaufzeichnung mit Clément Moreau und Margrit Brenner, Zürich, 20. Mai 1978.
3 Müller-Strunk, Marion: „Lernen mit Clément Moreau". Ästhetisches Handeln als Prozess der Solidarität. Dissertation. Verlag Keller und Wahl, Schweiz 1981, S. 69; auch in: „Clément Moreau: ‚Im Auftrag meiner Neugier'" von Marion Müller-Strunk. Limmat-Verlag-Genossenschaft, Zürich 1987.

Zeichnen. Über die Gemeinsamkeiten in ihrer Kunstauffassung und über die Jahre in staatlicher Obhut konnte sich der ehemalige Fürsorgezögling mit dem 25 Jahre älteren Anarchisten Erich Mühsam unterhalten. Der menschliche Umgang, den dieser mit ihm pflegte, machte ihm Eindruck und tat ihm gut. Danach trennten sich ihre Wege. Die Freundschaft mit Heinrich Vogeler führte Carl Meffert später ins Tessin in die Künstlerkooperative von Fontana Martina in der Nähe von Ascona. Es ist nicht bekannt, ob sich Mühsam und Meffert dort wieder begegnet sind oder ob sie sich vielleicht im Kreise von Fritz Brupbacher in Zürich nochmals trafen. Dass sie heute aber wieder Nachbarn sind, ist gewiss: In dem seit 1981 existierenden „Museo Casa Anatta" in Ascona führen sie ihre Dialoge über Staat und Kunst weiter.

Die politischen Verhältnisse in Deutschland wurden für beide Männer lebensgefährlich. Erich und Kreszentia Mühsam hatten alles in die Wege geleitet, um Deutschland zu verlassen. Der Entschluss, nach Prag zu emigrieren, hatte sich verzögert, und der Tag nach dem Reichstagsbrand, der 28. Februar 1933, wurde zu ihrem Verhängnis. Im März 1933, von Berlin kommend, entging Carl Meffert bei Basel einer Verhaftung durch die Gestapo. Von nun an lebte er ohne Ausweispapiere in der Schweiz. Als Illegaler wurde er von den Schweizer Behörden gesucht. In Zürich fand er Unterschlupf. Hier lernte er auch seine zweite Frau, die Antifaschistin Nelly Guggenbühl, kennen. Um den Schwierigkeiten mit den Behörden auszuweichen, suchte er nach einem neuen Namen und nannte sich von nun an Clément Moreau. Manchmal verwendete er auch weiterhin seinen richtigen Namen und behielt die Initialen c.m. als Signatur auf seinen Linolschnitten und Zeichnungen. 1935, an seinem 32. Geburtstag, reist Clément Moreau mit einem Nansenpass, einem Ausweis für Staatenlose, ins argentinische Exil. Mit seiner Flucht aus Europa rettete er sich zwar das Leben, aber die verheerende weltpolitische Entwicklung begleitete ihn weiterhin und bestimmte auch sein Leben in Südamerika. 1961 besuchten die Moreaus nach 26 Exiljahren die Schweiz. Ein Jahr später, zwei Tage nach Clément Moreaus 59. Geburtstag, übernahm in Argentinien das Militär die Macht. Die Moreaus entschlossen sich, ein weiteres Mal ins Exil zu gehen und ließen sich in der Schweiz nieder. Jahre später äußerte er sich in einem Gespräch über seinen Status als Emigrant folgendermaßen:

> Man könnte von meinem Leben eigentlich sagen: von Beruf bin ich ein Emigrant. Wo ich auch hinkam, nach kurzer Zeit musste ich als Emigrant wieder weg. Einfach, man wird als Emigrant durch die Welt gehetzt.[4]

Von Beruf Emigrant – tatsächlich musste Clément Moreau siebzig Jahre alt werden, bis die Welt auf ihn und sein Werk aufmerksam wurde. Seit den 70er Jahren wird sein unerschrockenes Engagement und sein künstlerisches Werk im In-

---

4 Dindo, Richard. Film: „Clément Moreau: Gebrauchsgrafiker". Filmkollektiv Zürich, 1977/78.

und Ausland ausgestellt und geehrt. Am 27. Dezember 1988 starb er im Alter von 85 Jahren in Sirnach.

„ERICH MÜHSAM ZUM GEDÄCHTNIS"

In der Nacht vom 9. auf den 10. Juli 1934 wird Erich Mühsam von Henkern einer SS-Einheit im Konzentrationslager Oranienburg ermordet. Carl Meffert lebte damals als illegaler Emigrant in Zürich und seine Linolschnitte erschienen seit dem März 1933 regelmäßig unter dem Pseudonym Clément Moreau in der Gewerkschaftszeitung „Der Öffentliche Dienst". Vier Wochen nach Mühsams Ermordung, am 10. August 1934, erschien in diesem Organ der Linolschnitt mit der Bildlegende: „ERICH MÜHSAM ZUM GEDÄCHTNIS". Auf Seite drei befindet sich das Bild, ohne Erläuterungen, weder davor noch danach. Eine furchtbare Situation zeigt sich dem Betrachter. Ungehindert blickt man in einen Toilettenraum. Ein lebloser Körper, mit den Gesichtszügen von Erich Mühsam, hängt links neben der Toilette. Der tote Mann hängt an der straff gespannten Leine. Die Füße sind nicht sichtbar, sie befinden sich im Bodenlosen. Der Strick zieht sich fest um den entblößten Hals. Das Fenster befindet sich unerreichbar über ihm. Auf dem schrägen Sims fallen die schwarzen Schlagschatten des Gitters haltlos in die dunkle Tiefe. Auf der gegenüberliegenden Trennwand gleiten im grellen Morgenlicht die Schattenbilder der Eisenstäbe nach unten. Auf dem gestreiften Hemd des Sträflings erscheint in Großbuchstaben sechsmal „ZS". Was immer sie bedeuten mögen, dem Strudel des Todes können sie nichts entgegenhalten. Die gebundenen Hände sind zu kraftlosen Fäusten verkrampft. Es ist nicht mehr die Faust des Widerstandes, es ist der wehrlose Versuch, dem Morden tapfer zu trotzen. Im Mittelteil befindet sich der Spülkasten und in filigranen Linien die Ordnung der sanitären Leitungen. Der Fallstrang führt vom Spülkasten nach unten. Rechts daneben hängt der Griff aus Porzellan. So haben am Morgen des 10. Juli 1934 die Gefangenen aus Oranienburg den Kameraden Mühsam angetroffen.

> Am anderen Morgen beim Wecken fragte Petscher nach Mühsam. Als keiner antwortete, sagte er zynisch: „Na, wenn er nicht da ist, wird er wohl tot sein." Als wir auf den Abort gingen, hing Erich Mühsam dort. Man wollte einen Selbstmord Mühsams vortäuschen. Uns allen war es gewiss, dass er schon als toter Mann dort aufgehängt worden ist. Das Aussehen des Toten wies keinerlei Merkmale des Erwürgungstodes auf. Sein Gesicht war friedlich, die Zunge hing nicht heraus, der Mund war geschlossen. Die Augen waren nicht wie bei einem Erstickten herausgequollen, sondern das eine geschlossen, das andere halb, wie blinzelnd, geöffnet. Soviel wir sehen konnten, zeigte der Körper keine Spur von neuen Misshandlungen und auch keine Schuss- und Stichwunde. Hervorgehoben werden muss noch, dass der Strick sehr kompliziert angebracht war und einen regelrechten Zimmermannsknoten aufwies, was der unbeholfene Mühsam niemals fertig bekommen hätte. Wir sind überzeugt, dass Mühsam im Verwaltungsgebäude betäubt und dann durch eine Giftinjektion ermordet wurde. Den Leichnam muss man dann über

den Hof in den Abort geschafft und dort in die Schlinge gehängt haben. Die SS hat die Leiche selbst abgenommen. Eine Kommission wurde nicht gerufen.[5] Eine Untersuchung der Todesursache wurde nicht durchgeführt. Die Henker fühlten sich sicher, es war nicht nötig, die Tat zu verwischen. Auf dem Linolschnitt von Clément Moreau trägt die Leiche Erich Mühsams Handschellen. Moreau verlässt damit die Ebene des Dokumentarischen. Mit diesem gestalterischen Eingriff macht er die Absurdität des Selbstmordes und die Schändlichkeit der Tat sichtbar.

Das eigene Erleben

Diesem Druck fehlt alles, was zu einem Gedenkblatt gehört. Es fehlt die Erhabenheit des Toten, die Feierlichkeit des Abschieds, die Trauer der Freunde und die Würde des Ortes. Auf diesem Blatt fehlt auch die epische Ablenkung. Der Betrachter steht alleine vor dem erhängten Menschen. Es gibt nur die Gegenwart. Das Davor wagt man sich nicht auszudenken, und ein Danach folgt nicht. Clément Moreau schneidet hier seine eigene Erschütterung ins Linoleum. Tief fühlt er sich in das Grauenhafte, das sein ehemaliger Nachbar erleiden musste, ein. Die Einsamkeit, die Isolation und die Demütigungen in der Fürsorgeanstalt und im Zuchthaus kannte er aus seiner eigenen Lebensgeschichte. Schon seine frühen in Berlin entstandenen Blätter bringen diese Erfahrungen zum Ausdruck. Im Vorwort zur Mappe „Erwerbslose Jugend" schreibt Käthe Kollwitz:

> Die aus eigenstem Erleben entstandenen Schnitte von Carl Meffert offenbaren ein sehr starkes künstlerisches Gefühl. Meiner Meinung nach liegt hier eine ungewöhnliche Begabung vor.

Sein bevorzugtes Arbeitsmaterial ist Linoleum, ein widerstandsfähiger Bodenbelag. Im kleinen Format billig zu erwerben, überall erhältlich, leicht im Gewicht und unkompliziert im Transport. Der Linolschnitt ist eine Hochdrucktechnik und in der Bearbeitung vergleichbar mit dem Holzschnitt. Der eigentliche Schnitt ins Linoleum ist etwas weicher als der ins härtere Holz. Der Hochdruck ist in der traditionellen Bearbeitung eine langsame künstlerische Technik. Inhalt, Form und Komposition müssen in den vorbereitenden Zeichnungen geklärt werden. Der Schnitt selber erfolgt konzentriert. Nichts von dem, was weggeschnitten wird, kann ersetzt werden. In dieser aufmerksamen Arbeitsweise auf eine Sache hin verflüchtigt sich die eigene Betroffenheit. Ein persönlicher Zorn kann über einen so langen Zeitraum kaum aufrechtgehalten werden, außer er wird ideologisch genährt. In den frühen Arbeiten setzt sich Clément Moreau direkt und indirekt mit seinem eigenen Erleben auseinander. Durch das Zeichnen und Schneiden bannt er seine eigene bedrängende Gefühlswelt. Der künstlerische Prozess

---

[5] Mühsam, Kreszentia: Der Leidensweg Erich Mühsams. Mopr-Verlag Zürich-Paris, 20. November 1934, S. 30.

verharrt aber nicht beim Bewältigen seiner individuellen Befindlichkeit, in seinem Werk öffnet er den Blick auf die damaligen gesellschaftlichen Zustände.

Ich versuche, einen Inhalt zu illustrieren, den ich erfahren oder erlebt habe, den ich wirklich kenne, sonst geht das nicht. Natürlich habe ich einen handwerklichen Ehrgeiz, ich habe aber nicht den Ehrgeiz, formale Probleme zu schaffen, ich erkenne das an, ohne weiteres. Aber es ist nicht meine Funktion. Meine Funktion ist viel simpler: Das Menschliche ist mein Anliegen. Es sind die Episoden, die jedem Menschen passieren können, wenn die Umstände sie dazu bringen.[6]

Im Linolschnitt „ERICH MÜHSAM ZUM GEDÄCHTNIS" konfrontiert Moreau den Betrachter zuerst mit der Hinrichtung eines wehrlosen Menschen. Dann, ganz allmählich wird der hilflose Zorn von Fragen an das Bild überlagert, der politische Hintergrund wird dabei sichtbar. Hier wird der politische Gegner vernichtet und über den Tod hinaus entwürdigt. Wie müssen sich die Auftraggeber vor diesem Mann und seinen Ideen gefürchtet haben! Was für eine Ideologie rechtfertigt eine solche Tat? Das Blatt „ERICH MÜHSAM ZUM GEDÄCHTNIS" ruft auf zum Widerstand, es wird zum antifaschistischen Kampfblatt.

Wie man mit Bildern kämpft

In Argentinien entsteht zwischen 1937/38 eines der wichtigsten Werke deutscher Exilkunst. „La comedia humana" oder „Nacht über Deutschland", wie Clément Moreau es später nennt, umfasst über 100 Linolschnitte. Diese erscheinen 1940 wöchentlich in argentinischen Zeitungen.

Der erste Teil besteht aus sechs in sich zusammenhängenden Bildergeschichten. In ihnen würdigt Clément Moreau die Menschen, die im Verborgenen oder öffentlich gegen die Tyrannei des Nazismus ankämpfen und darunter leiden müssen. Danach folgen Blätter, auf denen die Flucht vor dem totalitären Staat in ein anderes Land im Zentrum stehen. Es ist die Geschichte eines einzelnen Menschen. Parallelen zu Clément Moreaus eigenem Emigrantenschicksal sind erkennbar.

---

6 Clément Moreau, zit. nach: Müller-Strunk, Marion, S. 83.

In „Nacht über Deutschland" greift Clément Moreau das Erich-Mühsam-Thema noch einmal auf. Ein Mann in einer schwarzen SS-Uniform und dem Totenkopf-Emblem steht im Türrahmen der Gefängniszelle. Er überreicht dem Gefangenen – oder dem Betrachter – mit einer unausweichlichen Geste den Strick, damit er sich aufhängt. Die Schlinge ist bereits geknüpft, und mit verachtendem Interesse beobachtet der SS-Mann die Reaktion des Gefangenen. Hinter ihm das wichtigtuerische Grinsen eines Helfers.

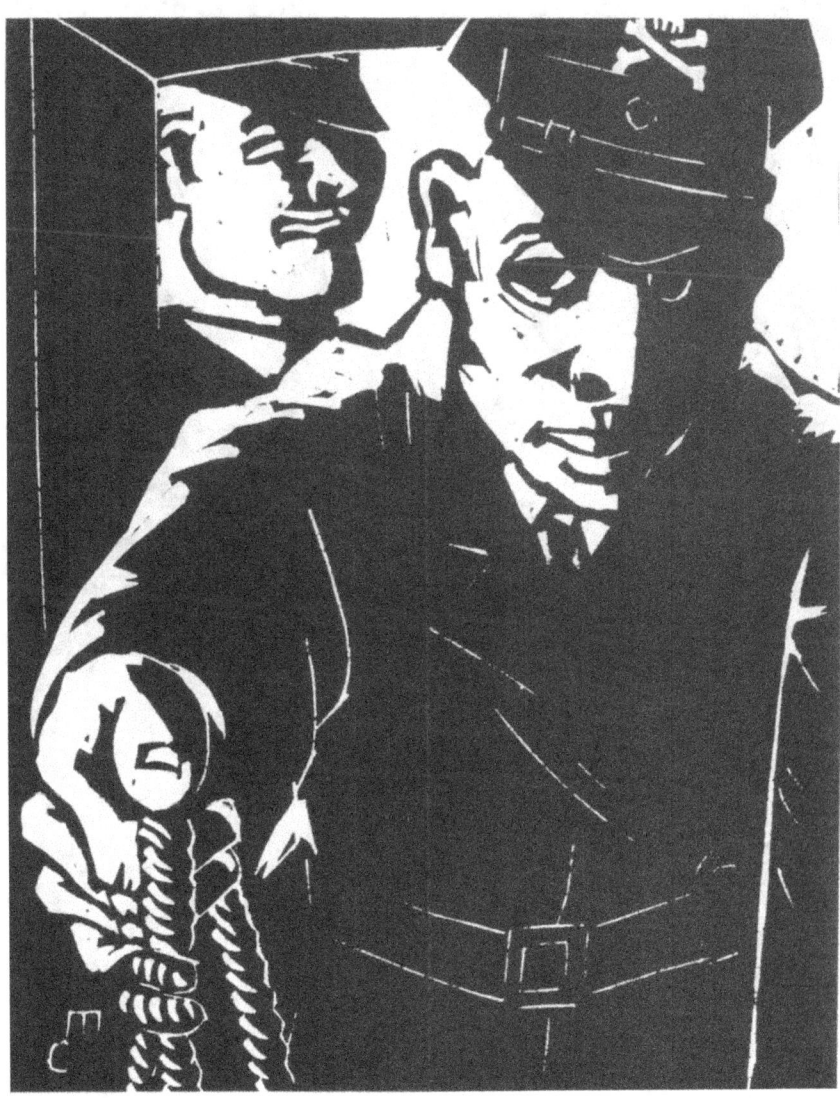

Der Gefangene ist auf die Knie gesunken, er wird nur noch wenige Stunden leben. Seine Kräfte haben ihn verlassen, aber der Wahnsinn hat ihn noch nicht eingeholt. Sein Gesicht verdeckt er mit geballten Fäusten. Vor ihm, wie im Scheinwerferlicht, versperrt die offene Schlinge den Weg nach draußen und hinter ihm verschließt sich die dunkle Zelle.

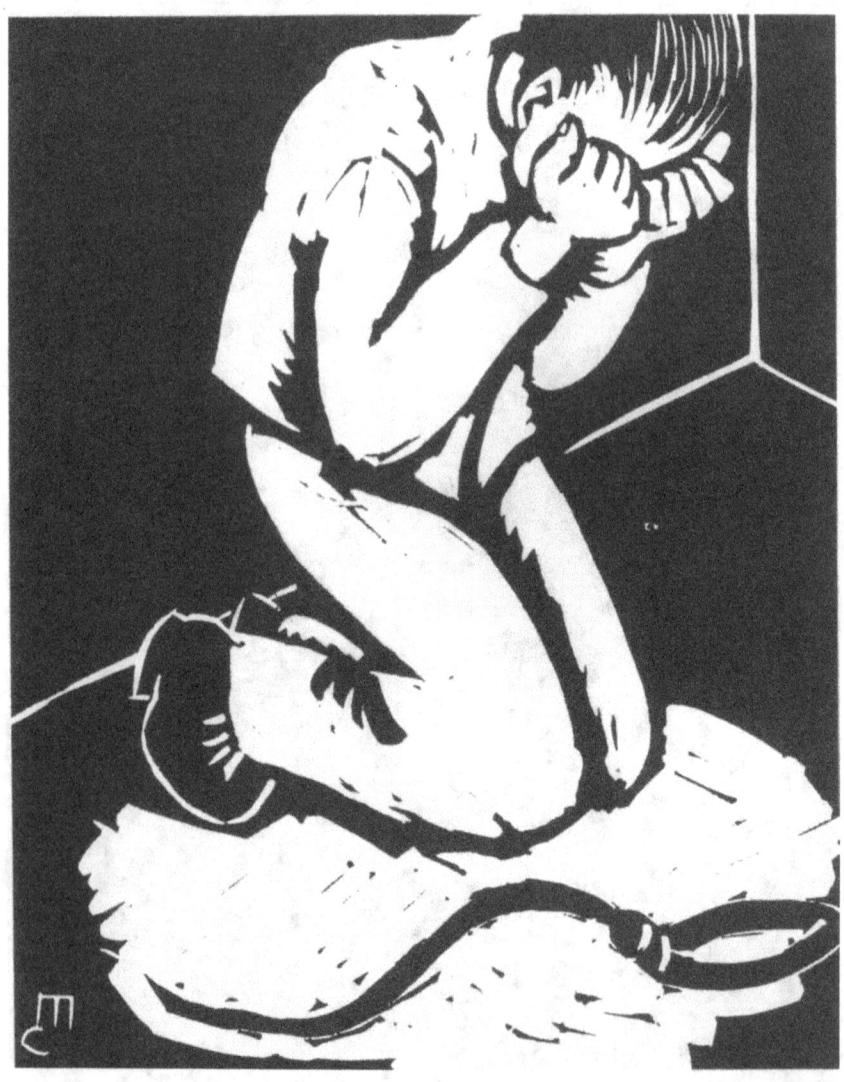

Panik hat das Leben ergriffen. Mit beiden Händen hängt sich der Gefangene an die Gitterstäbe seiner Zelle und mit beiden Beinen stemmt er sein ganzes Körpergewicht gegen die Mauer. Wie ein tödliches Reptil lauert die Schlinge am Boden.

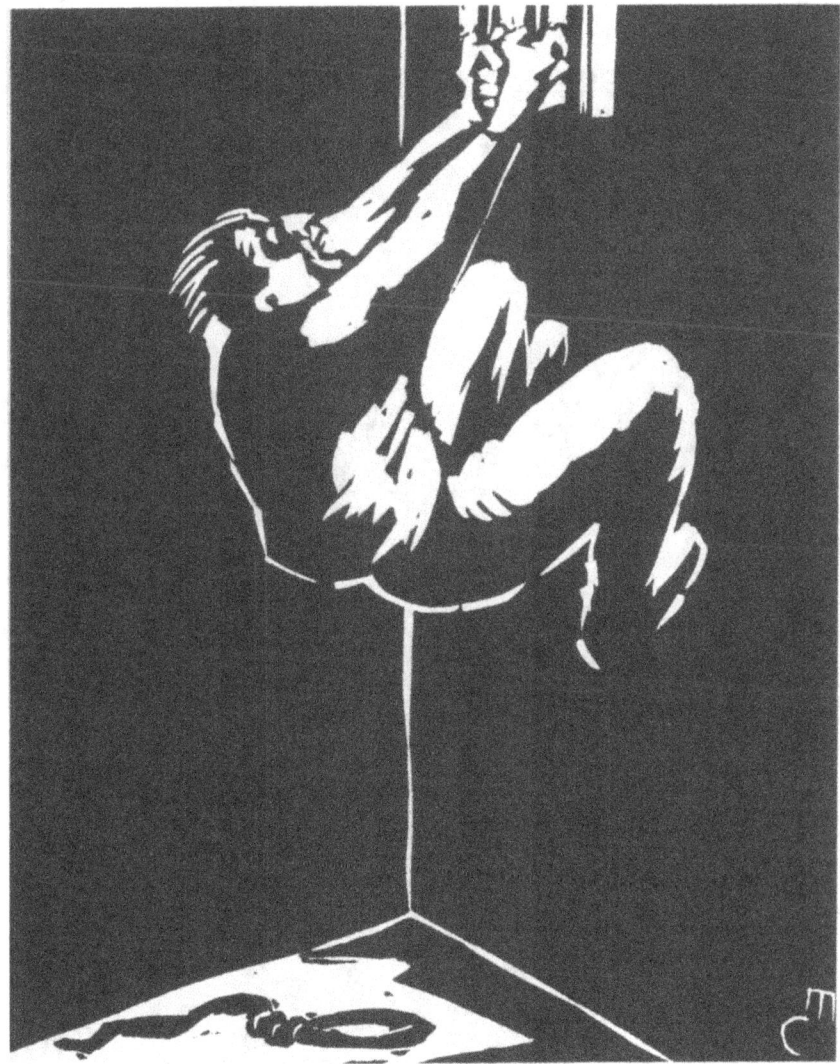

Es folgt der Blick in einen zweigeschossigen kahlen Gefängnistrakt. Der Mann in Uniform hat die Schirmmütze tief in sein Gesicht gezogen und schaut durch den Spion in das Innere der Zelle. Seine Arme sind auf dem Rücken verschränkt. Die Haltung verrät Routine, es ist die Pose der Macht im Schatten des Staates. Eine beruflich bedingte Unzufriedenheit verzerrt seine Gesichtszüge. Der Gefangene in Zelle 6 befolgt die Anweisungen nicht, während sich der Schatten des Mörders bereits in die Zelle schleicht.

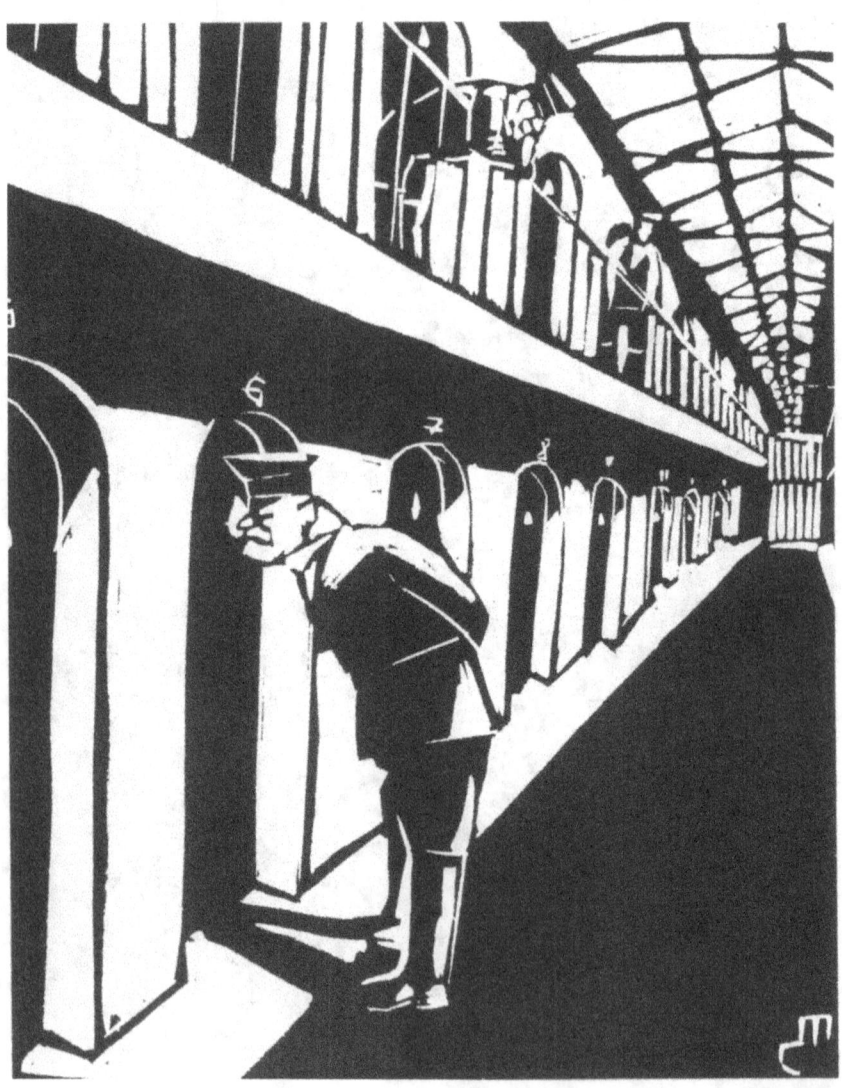

Ein massiger Körper steht breitbeinig in der offenen Zellentür. Die Arme mit den wütenden Fäusten sind steif nach hinten gereckt. Den Kopf hat er nach vorne geschoben, stumpfsinnig fixiert er sein Opfer. Er holt Anlauf. Der Mann ist erstarrt. Der Schreck entstellt sein Gesicht. Die Augen und den Mund hat er weit aufgerissen. Vor ihm auf dem Boden windet sich die fette Leine gehorsam zum Henker hin.

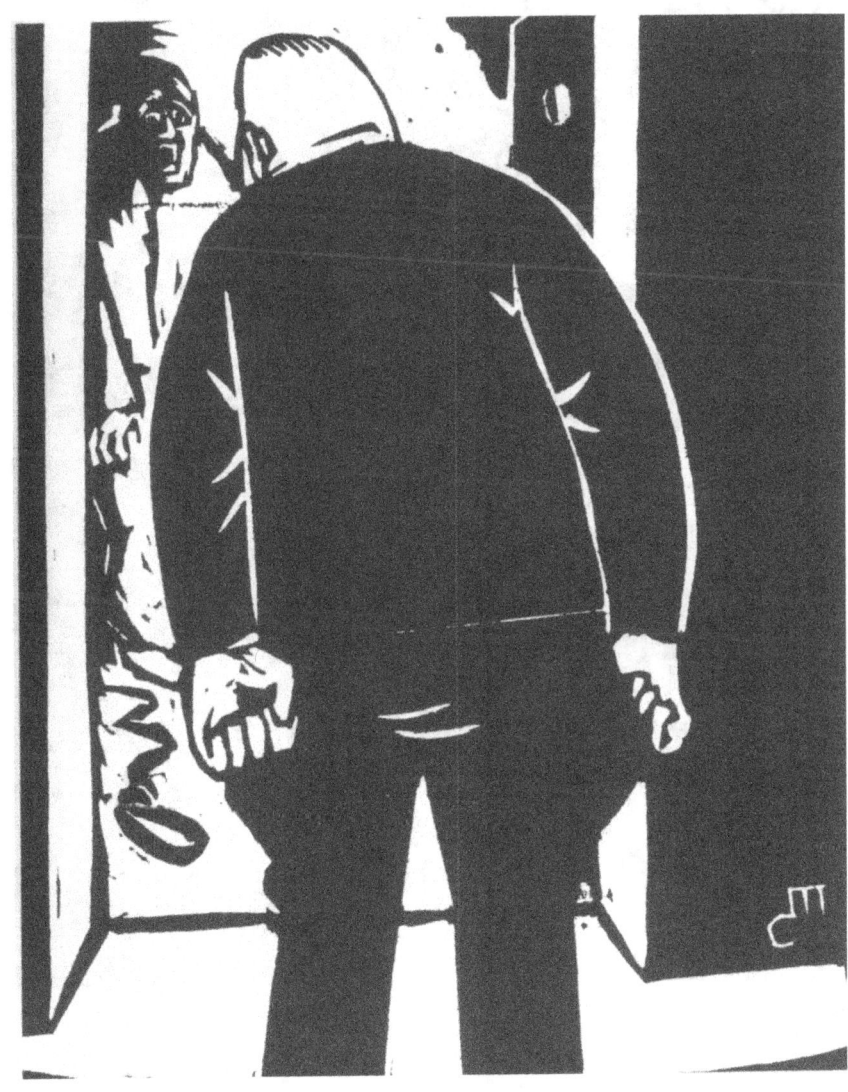

Es folgt der Moment des gewaltsamen Todes. Ein letzter Schrei und im erlöschenden Augenlicht spiegelt sich die Fratze des Mörders. In der Panik des Todeskampfes löst sich das Gesicht in splittrige schwarze und weiße Felder auf.

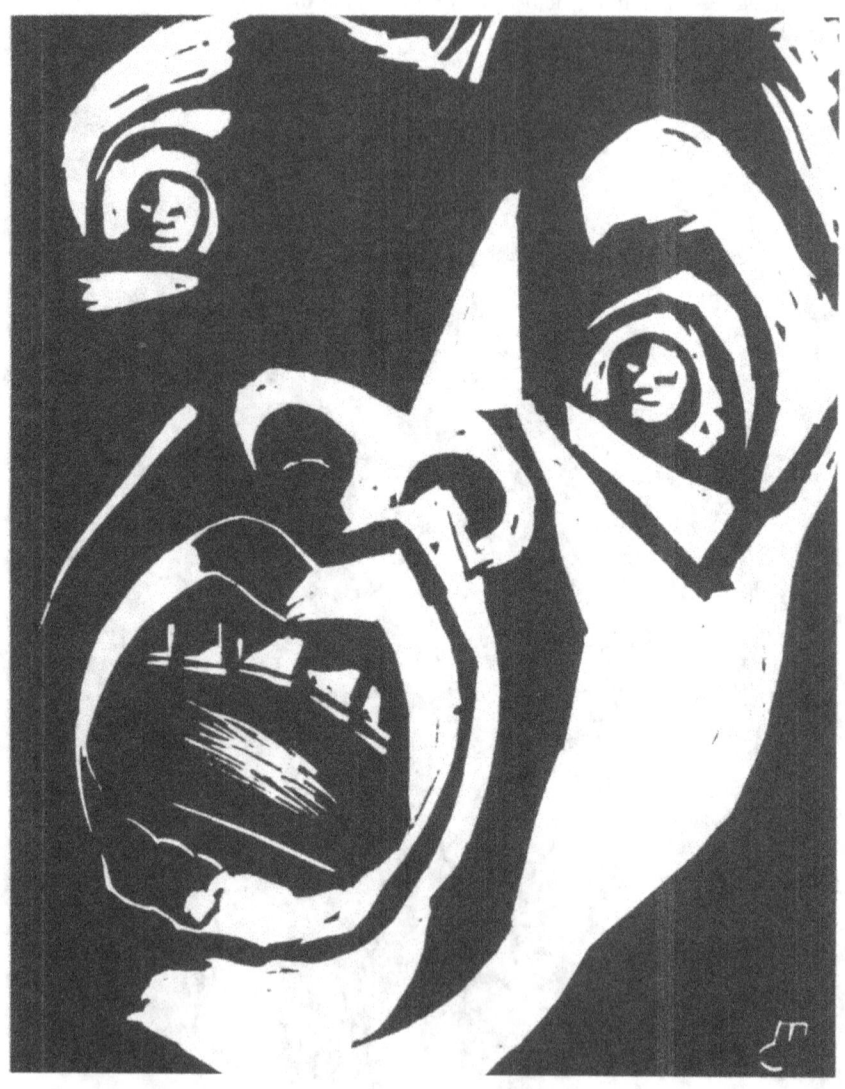

Auf der rechten Seite hängt der Körper. Licht dringt vom vergitterten Fenster in den dunklen Raum und fällt auf den toten Mann. Seine Hände hat man ihm auf den Rücken gebunden. Wehrlos. Der Strick führt nach oben. Das Auge der Leine hat sich unter dem Unterkiefer zusammengezogen und den Kopf entstellt nach hinten gedreht. Der Schrei ist verstummt. Alle Faltenlinien des Gewandes ziehen den Körper in die Tiefe. Die Füße berühren den unteren Bildrand nicht.

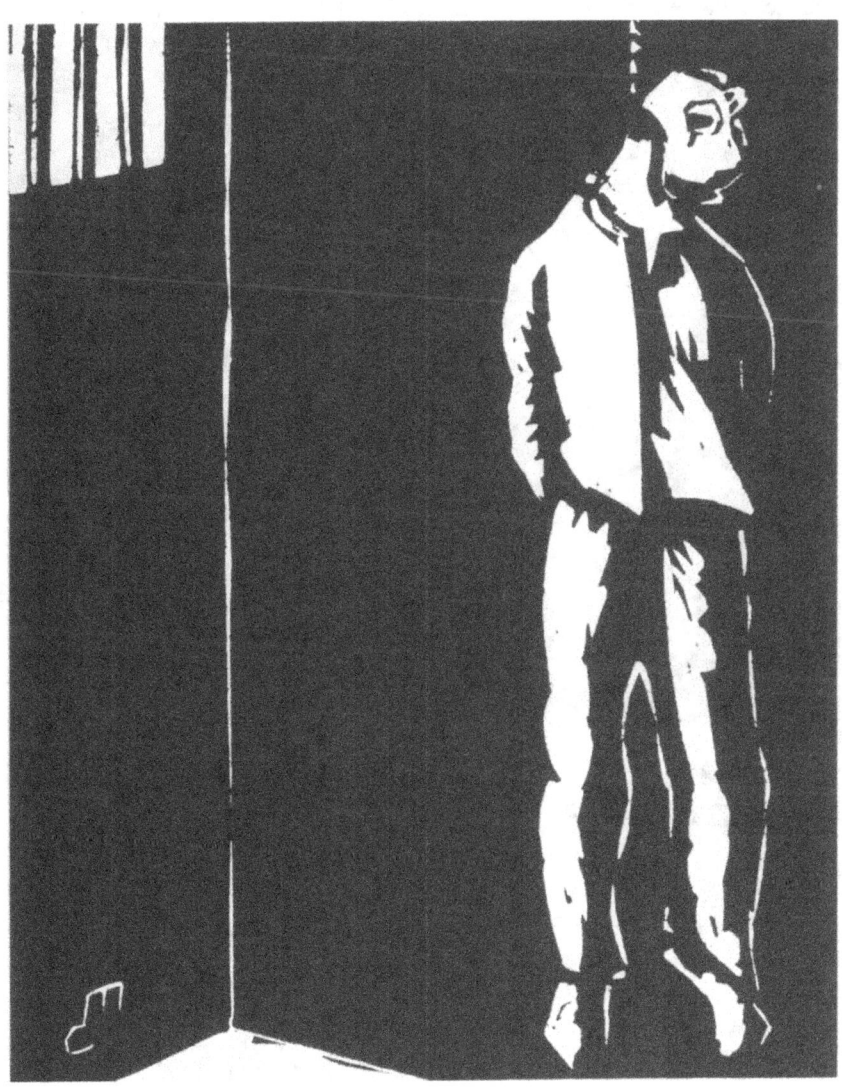

Der „Selbstmörder", die Hände auf dem Rücken gefesselt

Mit abweisendem Gesichtsausdruck blickt der uniformierte Mann auf seine schreibende Hand. Konzentriert führt er die Buchhaltung. Auf dem Schreibtisch, vor ihm und zwischen den Stempeln, befindet sich die schwarze Kiste mit der Asche des Ermordeten darin. Die Witwe steht dem Betrachter frontal gegenüber. Den abwesenden Blick richtet sie in die Ferne. Die Demütigung muss ausgehalten werden. Den geforderten Geldbetrag für die sterblichen Überreste ihres Mannes hält sie in der Hand. Im Schutz des totalitären Staates wurde ihr Mann ermordet, und sie wird genötigt, die Mörder nachträglich zu finanzieren.

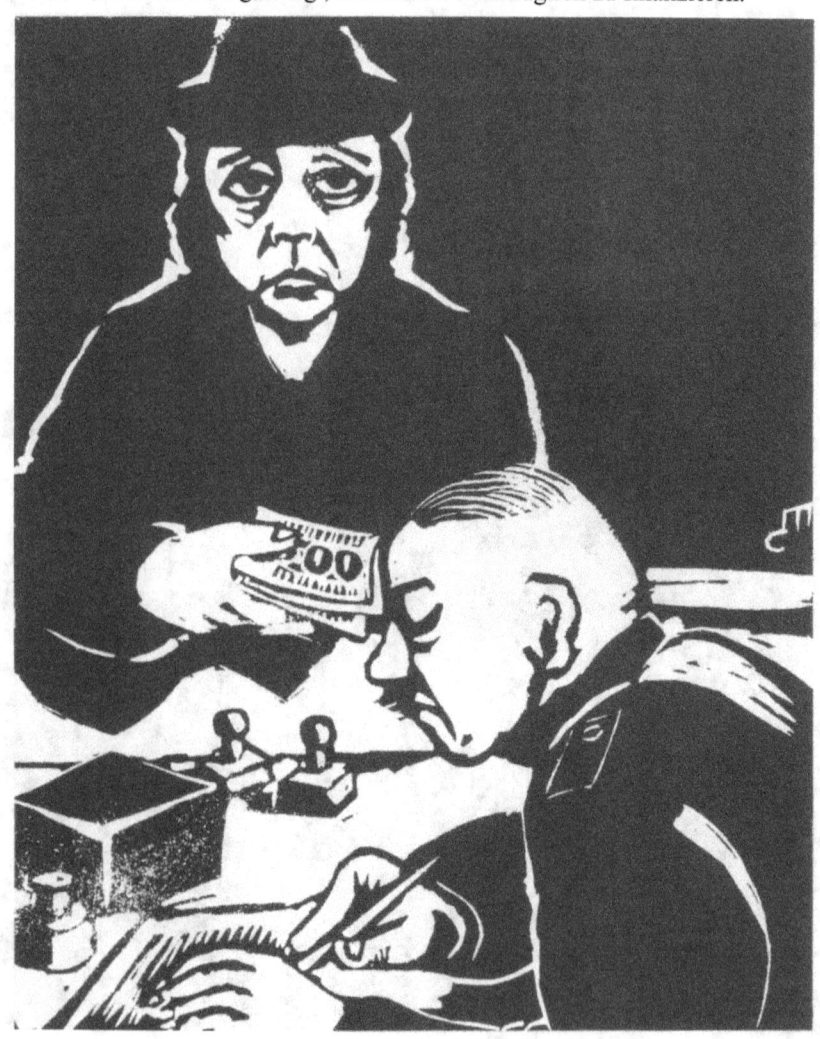

Die Witwe muss 200,– Mark für die Asche zahlen

Im blendenden Tageslicht schreitet die Witwe dahin. Die Urne trägt sie sichtbar vor sich. Sie ist nicht alleine. Frauen und Schatten begleiten sie in würdiger Distanz. Es sind Frauen, die das Gleiche erleben mussten, und Frauen, die in der Angst leben, Gleiches erfahren zu müssen. Die Straße verläuft schief nach unten. Ein schmaler, schwarzer Steg schließt den Schnitt gegen oben ab und engt das Bildfeld ein. Die Last der Trauer wird fühlbar.

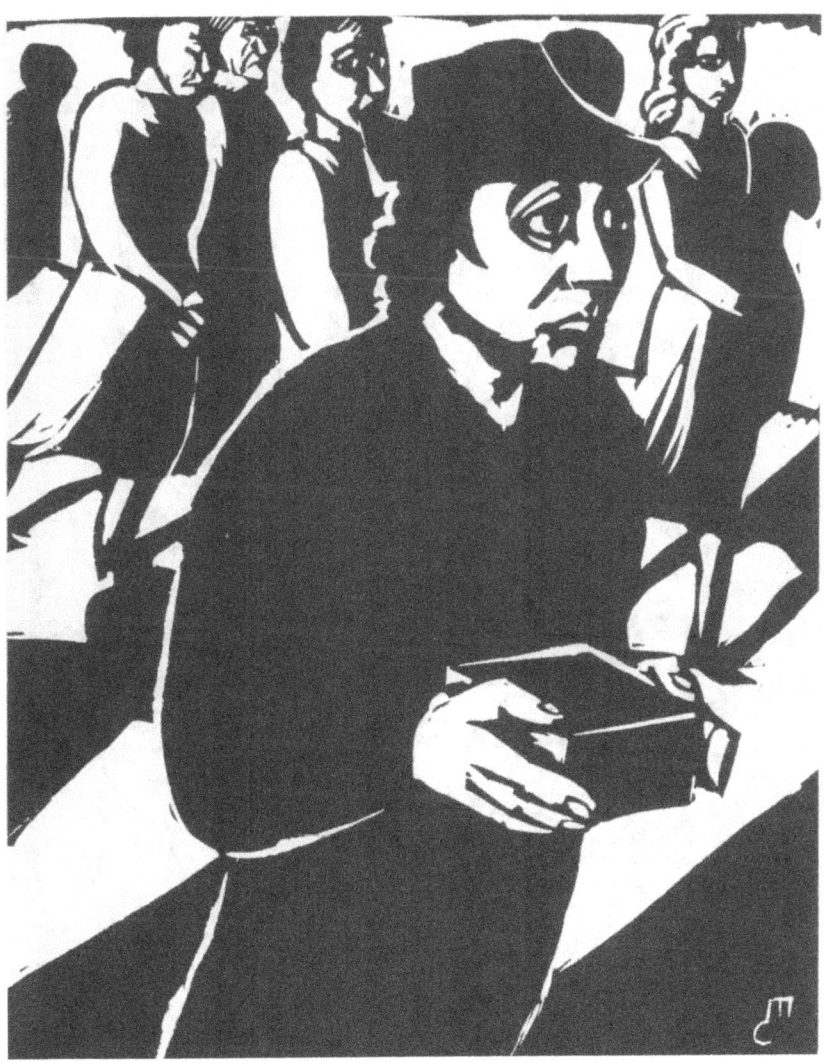

Die Witwe mit der Asche

Das letzte Blatt zeigt den Leichenwagen in den Straßen von Buenos Aires. Die Witwe geht alleine hinter dem Sarge her. Dicht gedrängt stehen Menschen auf den Dächern, an den Fenstern und Balkonbrüstungen. Sie begleiten die Frau und den Mann in stummer Solidarität. Der Einzelne muss sich vor den Folgen fürchten, wenn er einem solchen Menschen das letzte Geleit geben will. Bis weit über den Tod hinaus verfolgen die Henker die Menschen. Als Bildlegende schreibt Clément Moreau: „Stumme Solidarität. Geschnitten zur Erinnerung an Erich Mühsam". Der Emigrant in Buenos Aires dachte beim Schneiden dieses Zyklus an seinen Nachbarn in Berlin.

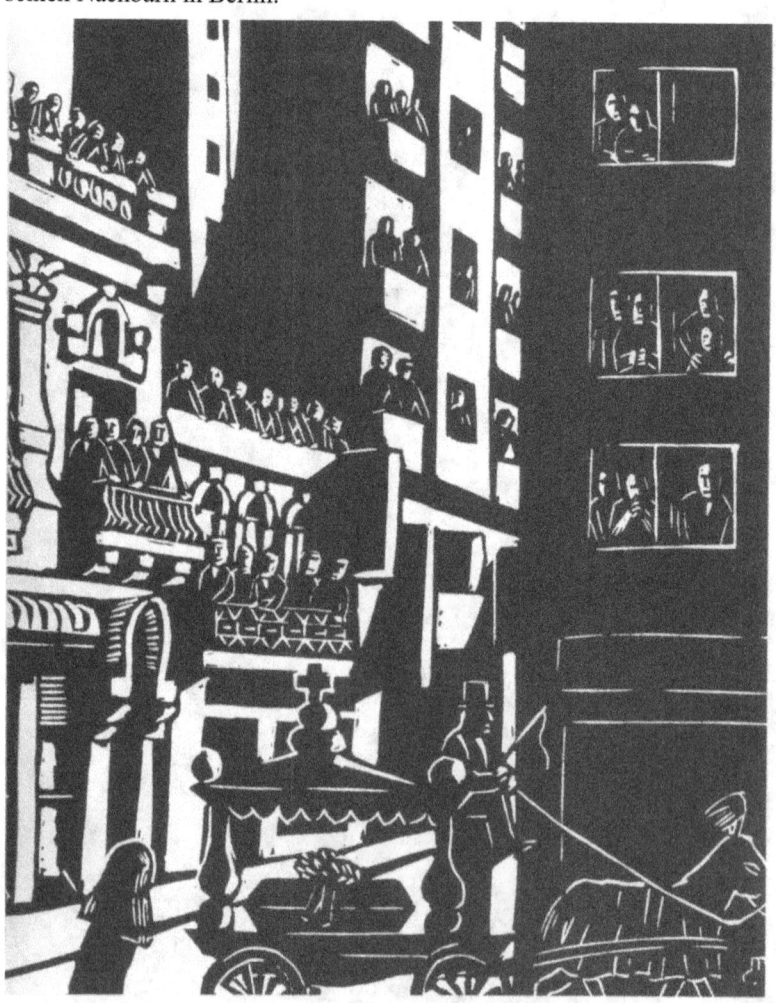

Stumme Solidarität. Geschnitten zur Erinnerung an Erich Mühsam

In den zehn Linolschnitten, die Clément Moreau dem Anarchisten Erich Mühsam widmet, verlässt er den historisch dokumentierten Verlauf. Im weitesten Sinne hält sich noch der erste Schnitt an Überlieferungen. Ein Mitgefangener berichtete:

> Am Nachmittag des 9. Juli wurde Erich Mühsam überraschend gerufen, er sollte ein Paket nach Zimmer 17, dem Büro des Lager-Adjutanten Ehard, bringen, einem SS-Sturmführer aus München, für den der Name Mühsam die Tage der Münchner Räte-Republik von 1919 wieder in Erinnerung brachte.
>
> Mühsam lieferte wie befohlen das Paket ab, drehte sich um und befand sich schon wieder an der Tür, als er kurz hintereinander zweimal seinen Namen rufen hörte. Er wandte sich um, konnte aber wegen seines schlechten Gehörs nicht gleich verstehen, was der SS-Mann von ihm wollte. Aber beim Wiederholen hörte er die Worte, die sein Todesurteil waren: „Mir gehm die 48 Stunden Zeit, di umzubringen, und wann's du's net tuast, wer'n ma scho nachhelfen."[7]

In „Nacht über Deutschland" verliert der Mann die individuellen Gesichtszüge von Erich Mühsam. Am Verlauf der Geschichte wird nichts geändert. Die Situation bleibt individuell, es ist der Mord an Erich Mühsam, und sein Name steht für alle Namenlosen, denen Ähnliches widerfahren ist. Im Mittelpunkt dieses Erzählstranges steht der staatliche Mord. In einer unausweichlichen Form führt Clément Moreau dem Betrachter die Machenschaften des NS-Staates vor Augen. Clément Moreau beobachtet mit seinem Erfahrungshintergrund den einzelnen Menschen in den engen Grenzen einer Diktatur, die sich selber keine Grenzen gesetzt hat. Die Schnitte fordern den Betrachter auf zu einer Stellungnahme, damit dieser die Bilder aushält und etwas gegen diesen Terror unternimmt.

> Meine Arbeit ist keine theoretische Aufklärung, keine Veranschaulichung einer Theorie, sondern eine Veranschaulichung der Erlebnisse des Menschen in seiner Zeit. So finde ich Verständnis. Der Betrachter muss die Ereignisse nicht selbst erlebt haben, aber ich muss sie ihm so verdeutlichen, dass es ihn erschüttert. Es geht ja nicht nur um das Opfer, ich muss ja versuchen, eine ganze Situation zu schildern. Es sind ja auch die Frauen da; es sind ja die anderen da, die da mitbetroffen werden, die erschüttert werden. Es sind die Kinder da, es sind die Nachbarn da, alles, was dazugehört.[8]

In Argentinien begegnete Clément Moreau Menschen, die über die politischen Zustände und Lebensbedingungen in Europa wenig wussten, und er traf Menschen, die weder lesen noch schreiben konnten. Seine Bilder wurden zur Sprache, die keine Übersetzung bedurfte. „Nacht über Deutschland" erschien in „Argentina Libre", „Critica", „La Vanguardia" und im deutschsprachigen „Argentinischen Tageblatt". Die Auflagen waren hoch und das Interesse groß. Die Zei-

---

7 Gebhardt, Manfred, Häftling 2651, Tatsachenbericht über die letzten Monate im Leben Erich Mühsams, (Magazin, Jg. 31, H. 6). Abgedruckt in: Mühsam-Magazin, Heft 11 – April 2006. Herausgegeben von der Erich-Mühsam-Gesellschaft e.V., Lübeck, S. 127.
8 Clément Moreau, zit. nach: Müller-Strunk, Marion, S. 83.

tung wurde die Waffe, mit der Clément Moreau seinen Kampf gegen den Hitlerfaschismus führte. „Nacht über Deutschland" entstand aus der Not der Zeit und wurde nie als Kunstmappe konzipiert. Ein paar wenige Abzüge von jedem Schnitt wurden auf hauchdünnes Japanpapier gedruckt. Nelly Meffert hat sie aufgeklebt und aufgehoben – so ist uns „Nacht über Deutschland" in zwei Exemplaren erhalten geblieben.

Gebrauchsgrafik oder Kunst

Wenn ein Mensch sich ein Leben lang mit künstlerischen Fragen auseinandersetzt, dann bleibt es nicht aus, dass er seine Gedanken zur Kunst sehr genau zu formulieren weiß.

> Als Kunst wird das bezeichnet, was der Wirklichkeit aus dem Wege geht. Da ich mich mit der Wirklichkeit beschäftige, bin ich kein Künstler. Ich bin Gebrauchsgrafiker, was ich tue, wird gebraucht. Museen isolieren das Lebendige, was als Kunst bezeichnet wird, ist daher meist tot, entweder weil es isoliert wird oder weil es gar nicht gelebt hat.[9]

Es ist der Schalk von Clément Moreau, der hier erklingt, und es lag ihm viel daran, verstanden zu werden. Clément Moreau wurde – wie eingangs erwähnt – in Berlin durch Käthe Kollwitz und ihren Kreis zum Künstler ausgebildet. Zu diesem Kreise gehörten Heinrich Vogeler, Emil Orlik, Otto Nagel; Moreau verkehrte mit Heinrich Zille, John Heartfield, George Grosz und anderen. Die Diskussionen über Kunst und Antikunst, über das Museum und über die Agitprop-Kunst waren ihm bekannt. Er war Mitglied in der ASSO[10], in Basel schreibt Georg Schmidt über seine Linolschnitte, in Zürich verkehrt er im Kreise von Malern, Literaten und Architekten, und in Argentinien engagierte er sich in der Künstlervereinigung A.I.A.P.E.[11] Er war mit der Herstellung von Originalgrafiken vertraut. Einzelne Mappenwerke wurden von der Galerie Neumann-Nierendorf in Berlin vertrieben. Er bewegte sich ganz selbstverständlich in dieser Welt der „freien Kunst", aber es war nie wirklich seine Welt. Aus der angewandten Kunst entwendete er den Begriff „Gebrauchsgrafiker" und definierte ihn für sich neu. Was ihn zur Kunst geführt hat, war ein menschliches Ereignis. Er war 16 Jahre alt, als er nach dem Krieg den Misshandlungen der Fürsorgeanstalten entfloh und Anschluss bei den „Spartakisten" fand.

> es war eine ganz neue, andere welt, die bei mir vor allem den wunsch erweckte, dazuzugehören. es wurde noch ein langer weg dahin. am anfang war die möglichkeit, kleine wendige burschen als kuriere einzusetzen in dieser unruhigen bewegten zeit. das gab mir zum ersten mal das gefühl, in einer gemeinschaft gebraucht zu werden und dazuzugehören. dann kamen als nächstes das zeichentalent, die

---

9 Ebenda, S. 77.
10 ASSO – Kurzform für ARBKD – Assoziation Revolutionärer Bildender Künstler, gegründet 1928.
11 A.I.A.P.E., Agrupacion de Intelectuales, Artistas, Periodistas y Escritores.

notwendige geduld und der ehrgeiz, es richtig zu machen, beim versuch, personalausweise herzustellen. urkundenfälschung in fortgesetzter handlung nannten sie es später beim gericht. dazu parolen schreiben, plakate für veranstaltungen anfertigen, wände beschriften, mal in der einen, mal in der anderen stadt, immer bei genossen untergebracht.[12]

Unter diesen Menschen war der entflohene Fürsorgezögling einer von vielen anderen, die Ähnliches erlebt hatten. Er gehörte dazu und niemand fand es nötig, ihn „zu verbessern". Das war für ihn neu, das hatte er noch nie erlebt. Neu war auch, dass man seine zeichnerischen und gestalterischen Fähigkeiten schätzte. Sein Dasein bekam einen Sinn. Dieses menschliche Ereignis „gebraucht zu werden und dazuzugehören" traf er auch bei Erich und Zenzl Mühsam an, und die Art, wie Mühsam über Kunst nachdachte, entsprach seinen Vorstellungen.

Meine Haltung gegenüber Mühsam war eine Haltung, die aus dem Nichtwissen kommt, eine Überheblichkeit. Mit ihm auseinandergesetzt hatte sich niemand. Trotz meiner sturen Ansichten respektierte mich Mühsam und vor allem meine Arbeit, er fand zu ihr mehr Zugang als zu der von Vogeler. In unseren Auffassungen über die Kunst bzw. über das, was wir mit künstlerischen Mitteln anfangen wollten – den Begriff Kunst gebrauche ich nicht – hatten wir Gemeinsames. Der Inhalt der Arbeit war der Mensch, es ging um das menschliche Problem und nicht um das Parteiabzeichen. Abstraktes, künstlich Symbolisches hat mich nie interessiert. In dieser Hinsicht waren wir uns damals einig.[13]

Mit Bildern argumentieren

Vergleichbar sind die Gedanken zur Kunst von Erich Mühsam. Auch bei ihm sind die Überlegungen gründlich durchdacht und in der Praxis erprobt. Erich Mühsams Forderung an die Kunst lesen sich heute beinahe selbstverständlich.

Dass alle Kunst notwendig anarchistisch ist und dass ein Mensch zuerst Anarchist sein muss, um Künstler sein zu können. Denn alles künstlerische Schaffen entspricht der Sehnsucht nach Befreiung von Zwang und ist im Wesen frei von Autorität und äußerlichem Gesetz. Die innere Bindung und Ordnung der Kunst aber hängt tief zusammen mit den Beziehungen des einzelnen freiheitlichen Individuums zum ganzen Organismus der Gesellschaft.[14]

Die Kunst muss frei sein von der bewussten oder unbewussten Unterwerfung gegenüber Staat, Kirche und Wirtschaft. Wenn Kunst zur ideologischen Erzie-

---

12 Carl Meffert/Clément Moreau: Autobiographisches Fragment, 1975. Mit schwarzem Kugelschreiber handgeschriebene A-4-Seiten. C.M. schrieb konsequent alles klein. Diese autobiographische Skizze entstand im Zusammenhang mit der Monographie von Werner Mittenzwei und umfasst die Zeit von 1903 bis 1929. Auch in: Clément Moreau, Carl Meffert. Frühe Arbeiten, 5 Grafikfolgen. Limmat-Verlags-Genossenschaft, Zürich 1983.
13 Clément Moreau, zit. nach: Müller-Strunk, Marion, S. 69.
14 Mühsam, Erich, Kain 2 (1) April 1912. Vgl. auch: Hug, Heinz: Erich Mühsam. Verlag Detlev Auvermann KG, Glashütten im Taunus, 1974, S. 131.

hung verkommt, dann hat dies nichts mehr mit Kunst zu tun. Nach dem Desaster der totalitären Systeme im 20. Jahrhundert ist Mühsams Position heute für viele Künstlerinnen und Künstler eine Selbstverständlichkeit, die aber ständig neu errungen werden muss. Der Künstler steht immer in Beziehung zu den anderen Menschen. Er steht nicht außerhalb der Gesellschaft, er ist ein Teil davon. In der Kunst wird das Leben sichtbar, und das teilt der Künstler mit allen andern Individuen. In „Gott und der Staat" schreibt der russische Anarchist Michael Bakunin:

> Die Freiheit ist also keineswegs Sache der Isolierung, sondern der gegenseitigen Anerkennung, keine Sache der Abgeschlossenheit, sondern im Gegenteil der Vereinigung; die Freiheit jedes Menschen ist nichts anderes als die Spiegelung seines Menschentums oder seiner Menschenrechte im Bewusstsein aller freien Menschen, seiner Brüder, seiner Genossen. Nur in Gesellschaft anderer Menschen kann ich mich als frei ansehen und fühlen. Einem Tiere niederer Gattung gegenüber bin ich weder frei noch Mensch, weil dieses Tier unfähig ist, mein Menschentum zu begreifen und deshalb auch anzuerkennen. Nur solange ich die Freiheit und das Menschentum aller Menschen, die mich umgeben, anerkenne, bin ich selbst Mensch und frei. Nur wenn ich ihren menschlichen Charakter anerkenne, anerkenne ich auch den meinen.[15]

Clément Moreau hat sich nie als Anarchist bezeichnet, das libertäre Denken interessierte ihn, aber er hat seinen eigenen Weg zum Menschen gesucht.

> Es sind nie abstrakte Ideen, sondern es ist immer eine ganz menschliche, reale, wirkliche Situation, die zur Hilfe aufruft, auf die aufmerksam gemacht werden soll, die verändert werden soll. Insofern kann es politisch sein, aber es ist niemals parteipolitisch. Keine Partei kann mich in ihren Dienst stellen und damit meine Arbeit, ich bin ein Humanist, ein humanistischer Grafiker, wenn ich schon ein Bekenntnis ablegen soll.[16]

Bekenntnisse ablegen waren nicht seine Sache, ihn interessierte das Machen. Zum Beispiel mit dem Linolschnitt und der Zeichnung. Hier entwickelte er den Ehrgeiz, sich an diejenigen Menschen zu wenden, die nicht gleicher Meinung waren wie er. Das Bild war sein Argument. Mit ihm wollte er sie in ihren festen Überzeugungen verunsichern, und dafür brauchte er eine Form, die es ihm erleichterte, das Gefühl des Betrachters zu erreichen.

> Ich versuche ja nicht mit formalen Mitteln fertig zu werden, ich habe ja zuerst immer einen Inhalt, und weil ich versuche, diesem Inhalt eine Form zu geben, die etwas klarmacht, die verständlich ist, benutze ich die Serie. Das ist ihre Funktion. Die Serie soll aufdecken, klar erkennen lassen, aber die Geschichte soll auch ein

---

15 Bakunin, Michael: Gesammelte Werke, Bände 1–3. Topos Verlag AG, Vaduz/Liechtenstein, 1978, S. 179.
16 Clément Moreau, zit. nach: Müller-Strunk, Marion, S. 84.

Erlebnis werden für den Betrachter, das ist die Voraussetzung, ich will ihn packen und erschüttern.[17]

Die Form des Bildzyklus steht in der langen Tradition der bildnerischen Erzählkunst. Das Einzelbild verliert dabei seine außerordentliche Stellung. Das Bild im Zyklus verlangt nach der gestalterischen Kraft des Einzelbildes und gleichzeitig ordnet es sich in ein Ganzes ein. Das einzelne Bild schließt inhaltlich und formal an ein vorangegangenes Ereignis an und bereitet das folgende Geschehen vor. Das Motiv wird zeichnerisch vorbereitet und der einzelne Schnitt im Andruck in mehreren Variationen auf seine Wirkung hin erprobt. Die Mimik im Gesicht, der Ausdruck in der Körperhaltung, die Sprache der Hände und die Gestaltung des Hintergrundes wird darauf abgestimmt, dass Form und Inhalt eine Einheit bilden und sich unvergesslich in den Erinnerungen des Betrachters verankern.

Was dargestellt ist, muss überzeugen. So haben die Zeichnungen ihre Gültigkeit. Ich habe immer geschafft für aktuelle Themen und Probleme und habe immer geschafft für Zeitungen und Zeitschriften, habe aber versucht, das immer so anständig und gut zu machen vom Grafischen her, dass es sich als Grafik bis heute gehalten hat. Das ist der Witz dabei. Verstehst Du? Meine Arbeit hatte immer eine Funktion. Ich empfinde mich als Gebrauchsgrafiker, als ein Grafiker, der etwas macht, das gebraucht wird und gebraucht werden kann, und darum habe ich mit Kunst nichts zu tun.[18]

---

17 Ebenda, S. 81.
18 Ebenda, S. 82.

Johannes Ullmaier

„Dicke rote Striche unter ganzen Zeilen"

Erich Mühsams Tagebuch in der Festungshaft als Prototyp enteigneter Privatsphäre

> Ich bin alles das, wonach Ihr fahndet, nur noch schlimmer.
> So wie alle. Und ihr selbst. Gebt auf.
> (Rockgruppe Guidotronic).

1.

Am Montag, den 19. April 1920, schreibt Erich Mühsam im Ansbacher Gefängnis in sein Tagebuch:

> Ich bin aus merkwürdigen Gründen gezwungen, vor der Zeit ein neues Tagebuchheft anzufangen. Müller-Meiningen [damaliger bayrischer Justizminister, Anm. d. Verf.] hat einen Gewaltakt begangen, der alles bisher Geleistete in den Schatten stellt.[1]

Es beginnt mit einer entwürdigenden Leibesvisitation.

> Dann wurde ich gegenüber in eine andere leere Zelle gesperrt, wohin ich nicht mal Papier und Bleistift mitnehmen konnte (trotzdem ist dort ein Gedicht entstanden). Inzwischen wurde meine Zelle völlig ausgeräumt, und als ich um halb drei endlich wieder herüber durfte, hatte ich lange zu tun, um die Sachen einigermaßen wieder an Ort und Stelle zu bringen. [...] Von meinen durchsuchten Sachen vermisse ich bis jetzt: [...] so ziemlich alles, was für mich persönlich, künstlerisch, beruflich und historisch Wert hat.

Als Erstes nennt er: „meine sämtlichen Tagebücher vom Oktober 1918 ab"[2]; ferner die Reinschrift seiner „Einigungsbroschüre", die losen Blätter seines soeben beendeten „Judas"-Dramas und anderes mehr.

Medial betrachtet scheint es erst einmal paradox: Jemand schreibt in seinem Tagebuch, man habe ihm sein Tagebuch entwendet. Was ihn aber nicht daran hindert, gleich ein neues zu beginnen und ihm eben dies als Erstes anzuvertrauen. Psychologisch zeigt der Eintrag analog dazu bereits die Ambivalenz, die Mühsams weiteren Tagebuch-Diskurs zum Kampf um seine Tagebücher prägt: einerseits der Schock, die Empörung, das Insistieren auf der Unerhörtheit des Verstoßes; andererseits die pragmatische, fast sportliche Entschlossenheit, auch diese Zumutung noch zu parieren und sich als unerschrockener, von den physischen

---

1 Mühsam, Erich: Tagebücher. 1910–1924. Hg. v. Chris Hirte. München: dtv, 1994, S. 233.
2 Ebd., S. 233 f.

wie psychischen Übergriffen der Staatsmacht nicht zu erschütternder Kämpfer für eine bessere Gesellschaftsordnung zu bewähren. Dabei kommt ihm sein Selbstverständnis als missionarischer Vorreiter eines vom genormten und/oder bigotten Bürgerstandard experimentell abweichenden „freien" Lebensvollzugs insofern zugute, als es einschließt, auch Privates potentiell als öffentliche Angelegenheit bzw. Teil der eigenen Rolle als skandalträchtiger, aber gerade dadurch auch wichtiger und – zumindest symbolisch – „gefährlicher" Bürgerschreck zu sehen (hierin vergleichbar mit der späteren Praxis der Kommune 1). Außerdem ist es für Mühsam keineswegs die erste Erfahrung dieser Art, hat er doch seit 1903 schon öfter unter Polizeiaufsicht gestanden und ist auch in Freiheit ausgiebig bespitzelt worden. So stellt die überraschende Entwendung seiner Tagebücher für ihn zwar eine weitere Eskalationsstufe, doch nichts prinzipiell Neues dar, und anstatt die Fassung zu verlieren oder aufzugeben, nimmt er die Herausforderung an und versucht, sich im Rahmen seiner eingeschränkten Möglichkeiten zu behaupten, wobei die sofortige Wiederaufnahme des Tagebuchs und das „trotzdem" entstandene Gedicht schon wichtige Gegenmaßnahmen sind.

Den weiteren „Schlagabtausch" zwischen der gewaltsamen Enteignung seiner – im Tagebuch als Gattung idealtypisch repräsentierten – Privatsphäre einerseits und Mühsams Reaktionen darauf andererseits anhand seiner veröffentlichen Aufzeichnungen zu skizzieren, ist das historische Interesse dieses Beitrags. Darauf aufbauend drängt sich angesichts der gegenwärtigen Erosion der informationellen Selbstbestimmung fernerhin die Frage auf, inwieweit der Festungsgefangene der Zwanzigerjahre von heute aus als unfreiwillige Avantgarde, als Prototyp des „freien Bürgers" unserer Gegenwart bzw. nahen Zukunft gelten kann und welche Konsequenzen sich daraus ergeben.

2.

Unter den vielen Arten, Tagebuch zu führen, markieren die ca. 10.000 Seiten, die Erich Mühsam ab 1910 beschrieben hat und von denen ca. 7.000 in 42 Heften erhalten sind, einen singulären Fall, den Chris Hirte, Herausgeber der bislang maßgeblichen Auswahlausgabe, global als „Selbsterziehung eines Anarchisten" charakterisiert hat,[3] als den unablässigen Versuch, eine regelmäßige Reflexionsinstanz in den (teils allzu) bewegten Lebensvollzug einzuziehen. Darüber hinaus diente das Tagebuch dem Dichter – wie vielen anderen – als Reservoir für bei

---

3 Zu Mühsams Tagebuch vgl. insgesamt: Hirte, Chris: Selbsterziehung eines Anarchisten. Die Tagebücher Erich Mühsams. In: Das Tagebuch im 20. Jahrhundert – Erich Mühsam und andere. Dreizehnte Erich-Mühsam-Tagung in der Gustav-Heinemann-Bildungsstätte in Malente, 10.–12. Mai 2002. Lübeck: Erich-Mühsam-Gesellschaft, 2003 (= Schriften der Erich-Mühsam-Gesellschaft, Heft 22), S. 43–52; ferner ders.: Einblicke in Erich Mühsams Tagebücher. In: Musik und Politik bei Erich Mühsam und Bertolt Brecht. Lübeck: Erich-Mühsam-Gesellschaft, 1995 (= Schriften der Erich-Mühsam-Gesellschaft, Heft 8), S. 39–60; sowie ders.: Nachwort. In: Erich Mühsam: Tagebücher. 1910–1924. Hg. v. Chris Hirte. München: dtv, 1994, S. 363–373.

Gelegenheit „spontan" zu verschießende Bonmots und Labor für künftige Publikationen. Letzteres umso mehr, als die stilistische Differenz zwischen Tagebüchern und Veröffentlichungen bei ihm – im Gegensatz etwa zu Thomas Mann – eher gering ist. Seien es allerheimlichste Geständnisse oder leitartikelnde Pamphlete, überall hört man den schwungvollen Rhetor mit seinen eleganten, ihm wie von selbst zufliegenden Perioden, immer spricht er – wenn oft nicht dem Inhalt, so doch stets der Form nach – wie vor einem Auditorium. Davon zeugt schon eine frühe programmatische Bemerkung vom 3. Oktober 1910:

> Sollen diese Tagebuchaufzeichnungen für mich selbst als Erinnerungsstützen Wert haben, so müssen sie ehrlich sein, die notierten Ereignisse niemals fälschen und für mein gegenwärtiges Erleben wichtige Vorgänge nicht verschweigen. Die Rücksicht darauf, daß die Notizen einmal publiziert werden könnten, darf nichts entscheiden. Steht schon manches in diesem Heft, was die Veröffentlichung in den nächsten Jahrzehnten sowieso ausschließt, so werde ich mich auch nicht abschrecken lassen, Sachen einzutragen, die die Drucklegung zu meinen Lebzeiten – und vielleicht noch lange darüber hinaus – überhaupt verbieten. Ob sich in 80 oder 100 Jahren mal jemand findet, der meine Tagebücher der öffentlichen Mitteilung für wert halten wird, kann ich nicht wissen. Niemand, der aus dem Tagesgeschehen und -erleben heraus Notizen schreibt, kann deren Kulturdauer ermessen. Über den Wert von Tagebüchern entscheidet nicht das Talent des Verfassers – denn die Zusammenhanglosigkeit der Bemerkungen hindert doch die Entstehung eines literarischen Meisterwerkes –, sondern der Rhythmus der allgemeinen und persönlichen Ereignisse, die registriert werden. Also, ich will ehrlich sein, soweit ich es vor mir selbst nur kann, und ich will auch nicht vor einer Entblößung meiner Geschlechtlichkeit haltmachen.[4]

– woran sich die Schilderung einer für ihn nicht besonders rühmlichen Stubenmädchenaffäre schließt.

Wie der Eintrag zeigt, stellt es für Mühsam offenkundig keinen Widerspruch dar, sein Tagebuch zunächst – im Sinne der generischen Konvention – als Raum absoluter, keinerlei Zensur unterworfener Intimität zu definieren[5] und gleich darauf fast nur noch potentielle Reaktionen *anderer* zu erwägen, so als handele es sich – über kurz oder lang – doch um ein öffentliches, literarisches Erzeugnis. Er sieht sich selbst zu sehr als exemplarische Figur, als dass sein „Lebenswerk", sein tägliches „Werben für die Anarchie"[6], der Mit- und Nachwelt ernstlich vorenthalten bleiben dürfe – womit er, was die Literaturhistorie angeht, schließlich auch recht behalten hat, mehr sogar, als seiner eigenen, klassizistisch-traditionalistischen Dichtungsauffassung nach zu erhoffen: Ist es doch (ähnlich wie bei seiner von ihm selbst auch eher geringgeschätzten „Gebrauchslyrik") von heute aus betrachtet eben das Spontane, Kursorische, Unvermittelte, kurz: Un-

---

4 Mühsam: Tagebücher, S. 29 f.
5 Hirte, Selbsterziehung eines Anarchisten, S. 49, spricht treffend von der „subjektive[n] Priorität".
6 Ebd., S. 46.

„Meisterwerk"-hafte der Gattung, was ihm – zu seiner Zeit, in seiner Situation und mit seiner Begabung – die Möglichkeit zum Meisterwerk eröffnet.

Auffallend dabei ist, wie gesagt, die Selbstverständlichkeit, mit der Mühsam seine Tagebücher einerseits als „Selbstgespräche"[7] und Zeugnisse von besonderer Ehrlichkeit und Authentizität begreift, während er andererseits doch stets schon weitere (potentielle) Adressaten mitdenkt.[8] Um diese Mehrfachadressierung und die Modifikationen, denen sie später in der Haft durch die feindliche Verwertung unterworfen ist, vorab etwas präziser zu erfassen, scheint es praktikabel, heuristisch von der altehrwürdigen Lehre vom Vierfachen Schriftsinn auszugehen. Das mag zunächst befremden, denn weder geht es hier um die Bibel, noch ist Mühsam ein bewußter Rekurs auf die entsprechende Kulturtechnik zu unterstellen; auch wird die Applikation notwendig manchmal etwas metaphorisch und gewaltsam sein. Aufs Ganze jedoch sollte es sich lohnen, folgende vier Ebenen zu unterscheiden:

1. den Literalsinn (sensus litteralis) – hier: der dokumentarische Aspekt, das Tagebuch als (persönliche) Chronik, Historiographie, Zeugnis, Quelle, Faktenspeicher;
2. den dogmatischen Sinn (sensus allegoricus) – hier: der Text als Botschaft an die eigene, (in diesem Fall nicht christliche, sondern) anarchistische Gemeinde und alle potentiellen Brüder und Schwestern im Geiste;
3. den moralischen Sinn (sensus tropologicus) – hier: das Tagebuch in Hinblick auf die (eigene) Einzelseele, als Selbsterfahrung, -vergewisserung und -erforschung, im aktuellen Schreibakt ebenso wie als späterer Leser seiner eigenen Aufzeichnungen;[9] sowie schließlich:
4. den eschatologischen Sinn (sensus anagogicus) – bezogen auf die letzten Dinge, hier: als Flaschenpost an eine unbestimmte Nachwelt, die hoffentlich hinreichend „erlöst", sprich: objektiv, reif, interessiert sein wird, um als historische Gerechtigkeitsinstanz gegen die verkorkste eigene Gegenwart fungieren zu können.

So verschieden diese vier Aspekte sich im Tagebuch gewichten resp. überlagern können, so deutlich sind sie doch schon sämtlich in der obigen Präambel angelegt. Dabei fasst Mühsam seine Selbstverpflichtung zur Wahrhaftigkeit sehr strikt auf, nämlich: nicht nur nicht zu lügen, sondern auch nichts Relevantes zu verschweigen – wenigstens so weit das einem Menschen (der nie alles von sich

---

7 Mühsam, Tagebücher, S. 260
8 Dem entspricht auch die Tatsache, dass Mühsam sein vorangegangenes Gefängnistagebuch von 1909 in seiner Zeitschrift „Kain" publiziert (und wohl schon primär in dieser Absicht verfasst) hat; vgl. ferner Hirte, Selbsterziehung eines Anarchisten, S. 51: „Natürlich hat Mühsam dafür gesorgt, dass diese Selbstäußerungen nicht sein Geheimnis bleiben. Er hat des öfteren aus dem Tagebuch vorgelesen, das Tagebuch als Vorbereitung auf sein Tun, als Entscheidungshelfer benutzt."
9 Vgl. dazu etwa den Eintrag zum zweijährigen Jubiläum am 22. August 1912 (Mühsam, Tagebücher, S. 93); ferner Hirte, Selbsterziehung eines Anarchisten, S. 51.

wissen kann) mittels der Sprache (die nicht immer alles schildern kann) nur möglich ist. Auch für die gerade bei literarischen Tagebuchschreibern sonst oft zu beobachtende, mehr oder weniger bewusste Tendenz, eben durch die generisch beglaubigte Form „ungefilterter Selbstaussprache" hindurch umso verzwickter zu schummeln (und sei es, sich noch schäbiger zu machen, als man am Talgrund ist), gibt es bei Mühsam keinen Anhaltspunkt. Er behält sich bloß für seine Wahrheit mehrere Adressaten vor.

Ganz selbstverständlich geht er dabei davon aus, seine Tagebücher materialiter und publizistisch selbst zu kontrollieren, also nach eigenem Gutdünken zu entscheiden, wer daraus was wann wo zu Gesicht bekommt. Eben diese Selbstverständlichkeit wird in der Festungshaft verlorengehen.

3.

Der Drang zum Tagebuch entstammt besonderen Umständen.[10]

Dass dem Schreiben allgemein und dem Tagebuchführen speziell in der Haft besondere Bedeutung zukommt, liegt auf der Hand. Andere Formen der Tätigkeit, Beteiligung und Wirkung sind auf den (freilich äußerst variablen) haftinternen Spielraum eingeschränkt. Nach draußen dringt man und erfährt von dort (zu Mühsams Zeiten) – von Besuchen, so weit gestattet, abgesehen – nur per Schrift: in Briefen, Büchern, Zeitungen, die man, je nach Umständen, mehr oder weniger offen lesen, schreiben oder transferieren kann.

Perfiderweise kann – einigermaßen humane Haftbedingungen vorausgesetzt – gerade daraus (zu gewissem Grad analog zur Psychiatrie[11]) ein besonders günstiges Schaffensklima entstehen: Andere erwirtschaften den eigenen Lebensunterhalt, man muss sich nicht selbst über Wasser halten (womit die meisten „Freien" ziemlich okkupiert sind[12]), wird nicht ständig abgelenkt, braucht seinen Alltag nicht selbst zu organisieren und zu bewältigen, sondern findet in der zwar fremdbestimmten, aber regelmäßigen Haftroutine womöglich mehr Muße und Konzentration[13] als in den meisten anderen Lebenslagen. Und so selten jemand deshalb tauschen wollen wird, so schlagend ist doch, gerade bei eingesperrten „Aktivisten" (von de Sade bis zu Franz Jung), der Zusammenhang von Haft und intensiver schriftstellerischer Produktion.

Das Tagebuch nimmt dabei eine Sonderstellung ein. Im Gegensatz zu fast allen anderen Gattungen nominell nicht publikumsadressiert, ist es weder von der In-

---

10 Mühsam, Tagebücher, 16/17. November 1920, S. 242.
11 Vgl. stellvertretend Adolf Wölffli, Robert Walser oder auch Ernst Herbeck.
12 So räsoniert auch Mühsam mit (angesichts seiner Behandlung erstaunlichem) Verständnis über den Neid der Aufseher auf die Gefangenen, die zu essen haben, ohne dafür etwas tun zu müssen (vgl. ebd., S. 305 f.).
13 Am 5. Januar 1921 bemerkt Mühsam in der Einzelhaft: „Endlich kann ich mich doch mal konzentrieren" (ebd., S. 245).

haftierung noch von einem eventuell damit verbundenen Publikationsverbot tangiert und bleibt so als Residuum der Selbstvergewisserung, der inneren Autonomie und nichtentfremdeten Arbeit im Prinzip unberührt.[14] Allerdings verändert sich mit dem (partiellen) Wegbrechen der Lebenswelt sein Status: Ist das Führen eines Tagebuchs in Freiheit tendenziell ein Luxus, Ausdruck des selbstgefällten Entschlusses, einen bestimmten Teil seiner Lebenszeit auf deren Dokumentation und Reflexion zu wenden,[15] so wird dessen relative Bedeutung in der Gefangenschaft zwar mangels Alternativen eher noch zunehmen, doch wächst – indem es das Leben, anstatt es luxuriös zu bereichern, nun tendenziell ersetzen muss – zugleich der schale Druck des Kompensatorischen. Ästhetisch mag es für den nachgeborenen Betrachter dadurch umso fesselnder wirken, und auch der inhaftierte Mühsam läuft gerade in Extremsituationen zu furioser Form auf – doch sollte man darüber nicht vergessen, zu welchem Preis.

4.

Ein anderer „Aktivist", der in der „Festungshaft" sein „opus magnum" schuf, war Adolf Hitler – was Gelegenheit gibt, anhand eines kursorischen Vergleichs der Haftbedingungen den historischen Rahmen sowie die Rolle der damaligen Staatsmacht zu skizzieren. In deren offizieller Sicht handelte es sich bei Mühsam und Hitler um spiegelbildliche Fälle: Beide waren prominent an Putschversuchen beteiligt, einmal von „links", einmal von „rechts"; und beide wurden für ihren jeweiligen Hochverrat mit Festungshaft bestraft. Hier enden freilich die Gemeinsamkeiten: Schon die Höhe der Urteile differierte auf groteske Weise, denn während Mühsam zu fünfzehn Jahren verurteilt wurde (und von Glück sagen konnte, nicht wie manche seiner Mitstreiter exekutiert zu werden), zierte man sich auf der anderen Seite, Hitler auch nur die Mindeststrafe von fünf Jahren zu geben. Noch eklatanter offenbart sich die fatale Einseitigkeit des kaum getrennten Apparats aus Exekutive, Judikative und Legislative jedoch am konkreten Haftvollzug: Hitler, anfangs verzagt wie ein bei einem Streich ertapptes feiges Kind, wurde in Landsberg mitsamt seiner Mischpoche von Gefängnisdirektor Otto Leybold (nach dem in Ebrach bis heute ein Straßenring benannt ist) derart auf Händen getragen, dass er bald wieder Oberwasser bekam, fürstlich residieren, seinen Adlati „Mein Kampf" diktieren, ungehindert nach draußen kommunizieren und Huldigungsbesuche empfangen konnte, bis man ihn so früh wie irgend möglich entließ. Mühsam dagegen wurde, wie der Tendenz nach alle Linken, in Ebrach, Ansbach und Niederschönenfeld nach Kräften geschuriegelt, demoralisiert, isoliert, bespitzelt, medizinisch unterversorgt etc. – wovon sein

---

14 Im Eintrag vom 1. Januar 1923 stellt Mühsam fest, sein Tagebuch sei „nahezu das einzige, was [vom vergangenen Jahr] übrig bleiben würde" (ebd., S. 313).
15 Im Extremfall schriebe jemand sein ganzes Leben lang ins Tagebuch, man schreibe gerade in sein Tagebuch.

Tagebuch seit der Inhaftierung durchgehend zeugt.[16] Und obgleich auch er 1924 vorzeitig freikam und der Vollzug nicht annähernd mit der ungebremsten Bestialität der späteren Nazi-Haft vergleichbar war, trug er doch bleibende gesundheitliche Schäden und – bei aller Widerstandskraft – auch seelische Verletzungen davon.

Dabei schätzte er, der die Hitler/Ludendorff-Aktivitäten bereits seit 1922 verfolgte,[17] die Lage schon damals richtig ein, wenn er am 24.11.1923 – als neue Häftlinge eintreffen und zunächst gemutmaßt wird, es könnten beim Hitler-Kapp-Putsch verhaftete Nazis sein – notiert: „Die Hitlerleute [...] wird man schon woanders und anders als in Niederschönenfeld unterbringen."[18] Ebenso wenn er am 10. April 1924 angesichts der Schikanen, die ihm im Umgang mit seinem Verteidiger auferlegt werden, schreibt: „Herr Hitler wird wohl in Landsberg keine solchen Befürchtungen zu haben brauchen, wenn ihn sein Anwalt besuchen will."[19]

Ließe sich im Allgemeinen durchaus kontrovers darüber diskutieren, welche Restriktionen ein Staat seinen (inhaftierten) Gegnern auferlegen muss bzw. darf, um sich bzw. seine Legitimität zu erhalten, so erweist sich das besondere Verhältnis des damaligen bayrischen Justiz- und Strafvollzugs zu Erich Mühsam – vor dem Hintergrund der teils zeitgleichen Hitler-Hofierung – historisch klar als illegitimer einseitiger Machtmissbrauch, weshalb der Gefangene hier nicht nur in einem weiten moralisch-humanistischen Sinne, als per se schwächerer Einzelner gegenüber der Staatsgewalt, sondern sehr konkret als Justizopfer im Recht erscheint. Dies gilt insbesondere auch für den ungleichen Kampf um die Privatsphäre, denn es war schließlich nicht Mühsams Wunsch oder Idee, sich die Tagebücher konfiszieren zu lassen – und so geht auch alles, was daraus an Peinlichkeiten, Widersprüchen, Leid und Irrwitz resultiert, von vornherein aufs Konto der „Ermittler". Hätte sich die staatliche Neugier mehr im Zaum gehabt, wäre allen alles erspart geblieben. Kein Menschenleben ist durch diese Schnüffelei gerettet worden. (Sie wäre in „Hitlers Tagebüchern" besser investiert gewesen.)

So gesehen hat der nun zu schildernde Prozess etwas Bizarres und auf Seiten der Beschlagnehmer geradezu Sado-Masochistisches: Immer aufs Neue wühlt die

---

16 Vgl. stellvertretend zu den Rechtsbrüchen im Niederschönfelder Vollzug ebd., S. 278, oder zum „Justizskandal Niederschönfeld" ebd., S. 280.

17 Vgl. Mühsams Tagebuch vom 28. August 1922, S. 303 ff., wo in tragischem Irrtum die Erwartung gehegt wird, die Nazis würden wie die Kommunisten alsbald parlamentarisch „versumpfen" oder seien durch eine kurze Regierungsbeteiligung so zu „entzaubern", dass Bayern fortan von seinem rechten Sonderweg gegen die Weimarer Zentralregierung abrücken würde; zum Hitler-Ludendorff-Putsch vgl. den 15. November 1923, S. 335, zu Hitler als Redner und dessen Putsch ferner den 28. Februar 1924, S. 347.

18 Ebd., S. 338. Umgekehrt hatte Hitler übrigens getönt, die Niederschönenfelder Gefangenen bei Gelingen seines Putsches „zerhauen" zu wollen, womit die Nazis – im Zerhauen von Wehrlosen stets mutig – sicher nicht gezögert hätten.

19 Ebd., S. 348.

Obrigkeit im nicht für sie Bestimmten herum, ob sie dort nicht etwa beleidigt werde, findet – mit mehr oder (meist) weniger Phantasie – das Gesuchte, erregt sich darüber, erteilt Lektionen, straft drakonisch, lässt Mühsam aber die Möglichkeit zu weiteren Tagebuch-Äußerungen, konfisziert dann wieder, usw. – Mühsam wird, gezwungenermaßen, Teil dieses fatalen Kreislaufs. Dass er daraus seinerseits irgendwelche Freuden gezogen hätte, ist eher unwahrscheinlich:

> Die Belehrung, mag sie noch so peinlich und fühlbar ausfallen, wir[d] mir auch nichts anderes mehr beibringen können, als was ich schon weiß: daß das differenzierteste Hirn von einem Klosettdeckel blöd geschlagen werden kann und daß es schwer ist, gegen eine Fuhre Jauche anzustinken.[20]

5.

Doch zurück in den späten April 1920, in die Zeit nach der ersten, überraschenden Entwendung. Wie erwähnt registriert Mühsam durchaus die besondere Brutalität im Zugriff auf das Tagebuch als der Privatsache schlechthin. Strategisch gesehen hätte er es unverzüglich einstellen müssen, um nicht weiter potentielles Belastungsmaterial zu produzieren. Doch Mühsam war zu wenig Stratege und zu sehr Schriftsteller und Widerständler, als dass dies für ihn eine Option gewesen wäre – zum Glück für uns, die wir sonst kaum etwas vom weiteren Hergang wüssten.

Am 3. Mai erhält er Besuch vom „sehr entgegenkommenden"[21] Staatsanwalt, der ihm erlaubt, seiner Frau Zenzl und den mitgefangenen Genossen sein „Judas"-Drama vorzulesen. Das Manuskript dürfe er ihr freilich noch nicht mitgeben, schließlich müsse der Staatsanwalt „es erst durchsehen, da er sich doch auch literarisch interessiere und [Mühsam] als Dichter kennenlernen"[22] wolle.

> Dann kam etwas Heikles. Er habe die Mitteilung bekommen, in meinem Tagebuch stehe die Absicht vermerkt, meine Broschüre herauszuschmuggeln zu wollen. Ich habe ihm erklärt, daß mein Tagebuch Stimmungen enthalte, auf die ich nicht festgelegt zu werden wünsche. [...] Jedenfalls werde ich in Zukunft meine Einzeichnungen so abfassen müssen, daß sie nicht nur gegen meine Genossen, sondern auch gegen mich selbst unverwendbar sind.[23]

Dem literaturbegeisterten Staatsanwalt zu erzählen, eine Politbroschüre aus dem Gefängnis schmuggeln zu wollen, sei eine tagebuchspezifische „Stimmung", eine Art romantisch irrlichterndes „Ich-weiß-nicht-wie", ist natürlich eine aus der Not geborene, in dieser Situation freilich – wie jede andere mögliche oder unmögliche Reaktion – entschuldbare Schutzbehauptung. Wichtiger ist das strategische Fazit, sich fortan alles negativ Verwendbare verkneifen zu wollen. Sub-

---

20 27. Juli 1921, ebd., S. 271.
21 Ebd., S. 234.
22 Ebd.
23 Ebd., S. 234 f.

jektiv ist dieser Vorsatz sicher ehrlich. Allein, wäre es Mühsam – mehr als um dessen Artikulation – wirklich darum gegangen, ihn mit kalter Konsequenz zu realisieren, so hätte er gerade das *nicht* ausposaunt, sondern einfach still getan bzw. seine wohlweislichen Frisierungen und Weglassungen sogar mit taktischen Authentizitätsbeteuerungen camoufliert. In praxi verfährt er genau umgekehrt, sprich: kündigt Vorsicht an, lässt sich aber nur zu bald wieder zu Einträgen hinreißen, die sowohl gegen ihn wie andere „verwendbar" sind.[24]

Dass seine Impulsivität und Wahrheitstreue ihm die selbstverordnete Tagebuch-„Lenkung" verwehren, macht Mühsam als Person sympathisch, ändert jedoch nichts am generellen Befund, dass der – und *jeder* – einmal aufgerissene Abgrund zwischen informationell selbstbestimmter und (potentiell) feindbeobachteter Tagebuchführung prinzipiell unüberbrückbar ist, egal wie panisch oder gelassen man sich verhält, und gleich auch, ob man die darin schwelenden performativen Widersprüche wahrnimmt und wie (strategisch?) verwirrend oder klar man sie artikuliert. Unter Feindbeobachtung ein Tagebuch zu führen, ist strategisch immer Wahnsinn – und was man strategisch führt, niemals ein Tagebuch.

Bezogen auf Mühsams „vierfachen Schriftsinn" ergibt sich daraus folgendes, die Aporie nicht lösendes, doch etwas differenzierendes Bild: Sein ursprünglicher Vorsatz, auf der Faktenebene (= erster, historischer Sinn) nichts zu verfälschen oder zu verschweigen, ist unter dem Druck der gewaltsamen Entwendung der Hefte und damit der Verfügungsgewalt über den zweiten, potentiell an die Zeitgenossen gerichteten Schriftsinn nicht aufrechtzuerhalten und wird in Richtung auf eine strategische Schweigelizenz bzw. -selbstverpflichtung modifiziert. Inwieweit Mühsam ihr entsprochen hat, ist, sofern man das, was er sich eventuell verkniffen hat, naturgemäß nicht sieht, schwer zu ermessen; jedenfalls nicht konsequent genug, um nicht immer wieder – den ersten Schriftsinn unfreiwillig doch ganz einlösend – in die seinem Naturell entsprechende, obschon für ihn gefährliche Wahrhaftigkeit „zurückzufallen", sei es aus psychischer Not, weil er – zumal in der Haft – nicht auf den Akt der unzensierten Selbstaussprache bzw. den befreienden Rausch des ungehemmten Schreibflusses verzichten kann (= dritter, aufs Individuum bezogener Schriftsinn), sei es aber auch, weil er, wie in späteren Phasen expliziter, künftigen Betrachtern ohne Rücksicht auf Verluste in der eigenen Gegenwart Zeugnis darüber ablegen will, wie es ihm ergangen ist (= vierter, eschatologischer Sinn). So oder so gerät mit der feindlichen Übernahme des zweiten Schriftsinns die ganze ursprüngliche Adressierungs-Tektonik in Bewegung: Das als Vertrauliches Geschriebene fliegt als Bumerang in die Außenwelt, so dass zwischen dieser und dem Schreibenden eine für ihn nicht steuerbare, durch die Tagebuchform unter normalen Umständen gerade ausgeschlossene Feedback-Schleife entsteht, deren objektiver Widerspruch sich sub-

---

24 Vgl. stellvertretend etwa den Eintrag vom 26. Nov. 1921, wo Mühsam – gleichermaßen ohnmächtig wie taktisch verheerend – droht, wenn erst seine Denkschrift fertig sei, stünden den Sozialdemokraten ungemütliche Stunden bevor (ebd., S. 279).

jektiv als stimmungsgebundenes Oszillieren zwischen Trotz und Vorsicht realisiert. Die Programmatik wird den Umständen gemäß gemodelt, doch fallen Vorsatz und Vollzug dann phasenweise auseinander. Das psychologische Pendant dazu ist eine zermürbende Kippstellung zwischen dem unguten Bewusstsein, dass alles, was man gerade schreibt, beizeiten gegen einen verwendet werden kann bzw. wird, sowie dem graduellen, genauso unguten Verdrängen und Vergessen dieses Wissens.

6.

Fast genau ein Jahr später, am 26. Mai 1921, geht der einseitige Boxkampf in die zweite Runde, nun schon in Niederschönenfeld, in Einzelhaft:

> Ich muß wieder einmal vor der Zeit ein neues Heft anfangen, und diesmal, da ich Zenzl nicht verständigen konnte, für eins zu sorgen, eines, das nicht zu den anderen paßt, obwohl es mich 15 Mark gekostet hat. Ob und wann ich oder ein späterer Leser den Inhalt dieses Buches mit den früheren Aufzeichnungen zusammenflicken kann, läßt sich kaum entscheiden. Nachdem ich gestern […] in Einzelhaft gekommen bin, wurde mir heute nachmittag „auf Anordnung der Verwaltung" alles Papierne herausgeholt, darunter das gerade im Gebrauch befindliche (aber fast volle) Tagebuch und das gesamte Kladdemanuskript meines Romans, an dem ich gerade anfangen wollte, weiterzuarbeiten. Also eine Wiederholung des ganzen Vorgangs vom 19. April 1920. Nur jetzt insofern schlimmer, als kein Grund da ist oder auch nur vorgetäuscht wird, irgendeine Untersuchung in einem Strafverfahren dadurch zu fördern. Außerdem kann ich mich an niemanden hilfesuchend wenden und stehe einfach dem von keiner Rechtsformalität mehr zurückgehaltenen Ausbruch eines wahrscheinlich von Antisemitismus bedienten brutalen politischen Hasses gegenüber, der mich zum Opfer will. Ich rechne damit, daß der Inhalt der Tagebücher von [Staatsanwalt] Kraus zum Vorwand gemacht werden wird, neue Arten seiner fühlbaren Belehrung zu entwickeln […]. Aber ich bin gefaßt. Mehr als umbringen können mich auch diese Leute nicht.[25]

Dass Mühsam das genaue Datum der vorangegangenen Razzia gleich parat hat, zeigt, wie gravierend der Vorfall für ihn war. Mag das Überrumpelungsmoment nun durch die Wiederholung etwas reduziert sein – der Schock darüber, die unvermeidlich bald habitualisierte Hoffnung, es könne sich bei der ersten Aktion um einen einmaligen Spuk gehandelt haben, schlagartig zerstört zu sehen, ist sicher kaum geringer. Zumal unter dem Eindruck, dass die Konfiszierung jetzt nicht mehr unter einer bestimmten, gleich wie vorgeschobenen Begründung (Beweisaufnahme, konkrete Verdachtsmomente etc.) erfolgt, sondern bloß so – *weil man es kann*. Mühsam findet sich in einer Lage, wo er, *weil er existiert*, verdächtig ist. Damit korrespondiert, dass er keine Appellationsinstanz hat, um dagegen vorzugehen, dem Übergriff also faktisch wie auf der Symbolebene hilflos ausgeliefert ist.

---

25 Ebd., S. 259.

Von einer Reaktion im Sinne realer Gegenwehr kann unter diesen Umständen kaum mehr die Rede sein. Was bleibt, ist allenfalls die Wahl unter verschiedenen Psychotechniken, damit zurechtzukommen. Die Position, die Mühsam für sich artikuliert („Mehr als umbringen können mich auch diese Leute nicht"), ist etwa die der Schillerschen, im fünften Akt geläuterten Maria Stuart kurz vor der Hinrichtung: heroische Weltentsagung bei gleichzeitiger sittlicher Erhebung über die irdischen Antagonisten. Auch hier ist davon auszugehen, dass Mühsam, der Schillers idealistischem Geist – als assimilierter Jude, Anarchist und Enfant terrible – weitaus näher steht als seine reaktionären Kontrahenten (die diesen jederzeit umstandslos für sich reklamieren würden), hier ein ehrliches Bekenntnis im Sinne des ersten und dritten Schriftsinns ablegt. Zugleich jedoch funkt er – jetzt schon unübersehbar – auch auf den anderen Kanälen: Auf der Ebene des zweiten Schriftsinns weist er die (als selbstbestellte Adressaten inzwischen denkbar konkret gewordenen) Peiniger in die Schranken ihrer Macht: „Physisch könnt ihr mich vernichten, aber wirklich treffen werdet ihr mich damit nicht, im Gegenteil: Je barbarischer ihr agiert und je tiefer ihr euch so selbst in den Dreck bohrt, desto unerreichbarer wird, was ihr in mir bezwingen wollt, für euch." Inwieweit diese Wahrheit auszusprechen taktisch klug ist, hängt davon ab, wie es beim Gegenüber um das innere Kräfteverhältnis von Moralität, instrumenteller Schergenmentalität und genuinem Sadismus bestellt ist. Möglich, dass die idealistische Ansprache des Opfers dem Täter die Lust an weiteren Torturen nimmt (vergleichbar der Beißhemmung von Hunden angesichts eines auf dem Rücken liegenden Gegners), möglich aber auch, dass sie zynisch als Lizenz zum Äußersten gedeutet wird („Wer den Tod liebt, kann ihn haben."). Die stille Hoffnung besteht freilich darin, die noch im brutalsten Gegner irgendwo vermutete moralische Selbstwahrnehmung so wachzuküssen, dass er zu dem Schluss kommt: „Stimmt, was ich hier mache, ist doch etwas unter meiner Würde." Worum dagegen nicht gebeten wird, ist Mitleid – was zeigt, wie wenig Mühsam sich, so machtlos er de facto ist, in seiner Selbstachtung geschlagen gibt.

Lieber aktiviert er zusehends auch den vierten, an die Nachwelt gerichteten Sprechkanal, was sich hier vor allem in der Sorge um die Rekonstruierbarkeit und äußere Form seiner Überlieferung manifestiert: Die Künftigen, Gerechteren sollen von ihm etwas Geordnetes, ein Gefäß aus einem Guss bekommen. Wie die meisten Tagebuchschreiber zeigt er (schon vor der Haft) ein stark auf die äußere Materialität fixiertes Stilbewusstsein, Spiegelbild der lebensordnenden, stabilisierenden Funktion: Er will eine Reihe gleichartiger Hefte seines Lebens wachsen sehen. Und je zerrupfter dieses Leben, desto wichtiger die äußere Fassung. Umso quälender muss ihn nun, im Moment größter Verunsicherung, die (für Außenstehende tendenziell belanglose) Ungleichartigkeit der Einbände ankommen. Ob darin zugleich ein taktischer Appell an seine Überwacher steckt, doch wenigstens pfleglich mit dem Konfiszierten umzugehen, ist schwer zu sagen. Deutlicher wird das Irisieren zwischen Taktischem und Antitaktischem in folgender Passage:

> Nun werden wieder neugierige Reaktionäre in meinen Tagebüchern nach Verschwörungsspuren suchen und so wenig Glück damit haben wie mit dem alten. So ehrlich ich meine Tagebuchaufzeichnungen mache – schließlich kann mich ja niemand verpflichten, in Selbstgesprächen in meiner Kritik sonderlich zurückhaltend zu sein –, so würde ich doch, selbst wenn auch etwas zu sagen wäre, was besser diskret bleibt, niemals der historischen Pedanterie wegen andere Leute Gefahren aussetzen.[26]

Hier verbindet sich die wenig taktische, obschon berechtigte Verächtlichmachung der aktuellen (und damit präventiv zugleich der künftigen) Schnüffler[27] mit nun eindeutig auch taktisch adressierten Strategieerwägungen, wobei die Absurditätsschraube wechselseitigen Taktierens – womöglich nicht ganz freiwillig – stark angezogen wird: Mühsams „Argumentation" ähnelt der jenes Angeklagten aus dem bei Freud prominent überlieferten Witz, welcher auf die Beschuldigung hin, einen geliehenen Kessel beschädigt zurückgegeben zu haben, erwidert, das könne gar nicht sein, und zwar aus drei entscheidenden Gründen: erstens habe er den Kessel gar nie ausgeliehen, zweitens sei dieser, als er ihn geliehen habe, schon kaputt gewesen, und drittens habe er ihn völlig unversehrt zurückgegeben.[28] Analog dazu versichert Mühsam (zusätzlich zum schon gewohnten Widerspruch zur vorab postulierten Nichtzurückhaltung im Tagebuch), keinesfalls etwas ausplaudern zu wollen, was besser diskret bliebe, und im selben Satz gleich zu versichern, dass es derlei ja ohnehin auch gar nicht gäbe – was einen extrem dumpfen Schnüffler zwar doppelt beruhigen, jeden anderen aber doppelt beunruhigen und fragen lassen wird: „Was soll die unmotivierte, also umso verdächtigere Versicherung, es gäbe sowieso nichts zu berichten? Will Mühsam mich für dumm verkaufen? Oder will er, dass ich ihn in diesem Punkt für naiv halte? Oder verhöhnt er mich, indem er denkt, ich sei so dumm, ihn für so dumm zu halten?" usw.

Sicher kann man die Widersprüche zu entzerren versuchen, indem man etwa zwischen gefährlichen Wertungen (eher erlaubt) und gefährlichen Fakteninformationen (eher verboten), zwischen Aussagen über sich selbst (eher erlaubt) und

---

26 Ebd., S. 259 f.
27 Bei dieser Gelegenheit möchte der Verfasser denen, die, wie sich unlängst gezeigt hat, über die technische Möglichkeit verfügen, ohne ihn zu informieren, Dateien von seiner Arbeitsplatz-Festplatte einzusehen und nach eigenem Gutdünken ins Internet zu stellen, mitteilen, dass sie sich, indem sie solches tun, in die Schandtafel welthistorischen Abschaums eingravieren. Es steht nicht anzunehmen, dass man sie dazu gezwungen hat, sie tun es eben, in diesem Fall vielleicht noch nicht einmal mit böser Absicht, sondern *einfach weil sie es können*. Womöglich lesen sie hier, während dies geschrieben wird, schon mit. Es gibt kein Schimpfwort, was gemessen daran, was ihr seid, nicht noch ein Kompliment wäre.
28 Vgl. Freud, Sigmund: Der Witz und seine Beziehung zum Unbewußten (1905), Frankfurt a.M.: Fischer, 1986, S. 167.

solchen über andere (eher verboten) bzw. zwischen erwartbaren negativen Folgen für sich selbst (nach eigenem Ermessen zu riskieren) und für andere (strikt zu vermeiden) unterscheidet. Doch abgesehen von der Unmöglichkeit, dies im aktuellen Schreibfluss immer säuberlich zu trennen, von der Ungewissheit, inwieweit die Schnüffler sich um diese Kategorien überhaupt scheren, sowie von der Tatsache, dass eine effektive, wirklich Sicherheit garantierende strategische Verlagerung des Tagebuch wahlweise ins Belanglose („Essen gut, die Vögel singen"), Groteske (etwa in Form täglicher Konversionen vom Kommunisten zum Sportler zum Hindu) oder bewusst Irreführende (z. B. als konservative Wiedergeburt) für Mühsam seiner Persönlichkeitsstruktur nach ohnehin ausgeschlossen war, bleibt es doch stets dabei: Das Grunddilemma zwischen autonomem Tagebuchschreiben und heteronomer Selbstzensur ist unauflösbar. Mühsam wählt, soweit er eine Wahl hat, eindeutig den ersten Weg – was schon klar wird, wenn er den oben zitierten Eintrag, wieder quasi-öffentlich, mit viel Selbstironie, aber noch mehr polemischem Biss wie folgt beendet: „Trotzdem: schämen kann ich mich nicht, kein Kraus, sondern ein Esel zu sein."[29]

Hinsichtlich der erwartbaren Folgen macht er sich freilich keine Illusionen:

> Über die bei der Durchsuchung bei mir konfiszierten Sachen habe ich noch keinen Bescheid, und so hängt – womöglich wegen meiner Tagebuchaufzeichnungen – das Damoklesschwert unbekannter neuer Peinigungen ständig über mir.[30]

Im Bild vom Damoklesschwert ballt sich der diffuse Druck, unter den das Tagebuchschreiben unter Fremd- bzw. Feindbeobachtung gerät. Und obschon die Konfiszierung, anders als die bisherige, zwangsläufig einseitige Zitatenlese suggerieren mag, nur eine von den vielen „Peinigungen" war, die Mühsam damals erlitt – das Eingesperrtsein (samt anderer damit verbundener Verletzungen der Intimsphäre[31]), die Trennung von Zenzl, seine weitgehende politische und öffentliche Neutralisierung,[32] die angegriffene Gesundheit, vor allem aber die Reibereien mit den mitgefangenen Genossen –, so trafen sie ihn doch so zentral, dass die (am 9. Juni 1921, in Einzelhaft) unternommene Inventur seiner prekären Situation mit der Feststellung beginnt: „Meine Tagebücher sind beschlagnahmt", noch vor: „Mein Gesamtvermögen gepfändet."[33]

---

29 Mühsam, Tagebücher, S. 260.
30 Eintrag vom 9. Juni 1921, ebd., S. 264.
31 Vgl. etwa den Eintrag vom 1. Mai 1923, wo Mühsam schildert, wie er bei Zenzls Besuch vom dabeisitzenden Aufseher aufgefordert wird, doch bitte so zu reden, dass zuvörderst dieser ihn verstehen könne (vgl. ebd., S. 325).
32 Vgl. stellvertretend den Eintrag vom 3. Juni 1922, ebd., S. 295: Mühsam sehnt sich nach der Freiheit, will noch einmal unbeaufsichtigt mit Zenzl schlafen und seine Revolutionsidee in die richtigen Hände legen – auf die Ausführung komme es dabei übrigens (Taktik?) gar nicht primär an, die mache sich gegebenenfalls von selbst.
33 Ebd., S. 263.

Doch je finsterer die Lage, desto kämpferischer (und damit zugleich „unvorsichtiger") wird der Ton, etwa wenn es am 24. Juni 1921 heißt:

> Eine einzige Pflicht erwächst uns allen, die wir das jetzt ausstehen: Nie – nie – nie vergessen! Vom Feinde lernen und ohne große Worte, aber mit heißem Gefühl der Stunde harren, wo das Gelernte verwertet werden kann![34]

Selten zeigt sich die Vierfach-Adressierung so eindeutig und auf so engem Raum: 1. den historischen Moment dokumentieren, 2. die (obschon jetzt unerreichbaren) Kameraden agitieren bzw. den (allzu erreichbaren) Schergen mit Vergeltung drohen, 3. sich der eigenen Haltung und des eigenen Muts versichern und 4. de profundis künftigen Gerecht(er)en zurufen. Wie als Retourkutsche treffen zwei Tage später Konsequenzen ein:

> Bei Zenzls Besuch erfuhr ich nebenbei durch den Überwachenden, daß mein Romanmanuskript, nachdem es schon freigegeben war, einer nochmaligen Prüfung unterliegt, weil ich in meinen Tagebüchern so tolle Dinge stehen habe (auch eine Begründung!).[35]

Neue Aspekte sind hier a.) die geringschätzige Beiläufigkeit und Zufälligkeit, mit welcher dem Konfiszierten entscheidende Informationen – sprich hier: Sanktionen – mitgeteilt werden, vor allem aber b.) die Verquickung von privaten und öffentlichen Kommunikationssphären resp. Gattungen durch die totalitäre Obrigkeit. Jederzeit kann sie das unbefugt durchleuchtete Private auf mehr oder weniger opake, doch stets inappellable Art gegen die öffentliche Person in Stellung bringen – hier etwa als zusätzliche, bezogen auf den Text, um den es eigentlich geht, ganz willkürliche Zensurschleife. Generell gilt: Je totalitärer und damit paranoider eine Machtinstanz, desto weniger getrennte Lebens(äußerungs)segmente wird sie ihren Untertanen/Kunden/usw. zugestehen. Ihr Menschenbild reduziert den Einzelnen auf die Frage, inwieweit er ihre Autorität/Kontrolle/Macht/ihren Profit/etc. infrage stellen oder bedrohen könnte – wenn nicht als direkter Kontrahent, dann eventuell in irgendeiner anderen Eigenschaft, als Spaßvogel/Mutter/Armer/usf., und wenn schon nicht real, dann eventuell symbolisch, und wenn schon nicht offen, dann vielleicht im privaten Kreis, im Tagebuch oder in Gedanken oder unbewusst oder als Linkshänder – die paranoide, aus fundamentaler Menschenfeindschaft gespeiste Dynamik obrigkeitlichen Kontrollzwangs kennt von sich aus keine Grenze. Sie wird nicht eher ruhen, bis sie sämtliche Lebensaspekte so vollständig erfasst hat, dass nach Bedarf alles mit allem verschaltet werden kann: So hätte man zu seiner Zeit auch Thomas Mann die Publikation seiner Romane verwehren können, weil er in seinen Tagebüchern „so tolle Dinge stehen" hat – oder heute jemandem die Zugfahrkarte, weil er in

---

34 Ebd., S. 269.
35 Ebd.

einer Mail an seine Frau über die Bahn geschimpft hat, FDP wählt oder herzkrank ist.

In Mühsams Drama folgt der nächste Aufzug ca. einen Monat später, am 25. Juli 1921:

> Heute habe ich den Staatsanwalt Kraus in Person kennengelernt. Er ließ mich am Vormittag hinunterrufen [...]. Vor ihm lagen Corpora delicti, die bei der Durchsuchung am 26. Mai konfisziert waren. Zuerst das Tagebuch. Beim Blättern darin wurden dicke rote Striche unter ganzen Zeilen sichtbar.[36]

Eine doppelt zweischneidige Situation: zunächst die persönliche, hier erzwungene Begegnung mit dem Überwacher – sicher eine Zumutung, zugleich aber die (obschon wieder gefährliche) Chance, einmal direkt zu antworten, das Geschehen zu kommentieren, sich zu verteidigen, zu schimpfen oder auch nur laut zu schweigen; außerdem das Wiedersehen mit dem entwendeten Tagebuch, das also – immerhin – noch existiert, allerdings, wie nun ebenfalls gewiss, in irreversibel entstellter Form. Dies ist zwar wieder insofern „nur ehrlich", als es die Brutalität des Übergriffs auch physisch nicht bemäntelt, stimmt aber für den künftigen Umgang wenig optimistisch. Was tun?

> Ich hatte mir schon vor Eintritt vorgenommen, möglichst wenig zu sprechen, um nicht für nichts und wieder nichts in Einzelhaft zu müssen, und verlor auch keinen Augenblick die Ruhe und die Überlegung, daß vor mir ein Mann sitzt, der über große physische Machtmittel verfügt und oft gezeigt hat, daß er sie recht unbedenklich anzuwenden weiß. Ferner wollte ich mehr beobachten als mich der Beobachtung aussetzen.[37]

Mühsam präsentiert sich hier – schon ganz mit Blick auf die nächste Konfiszierung – pädagogisch als berechenbar berechnender beobachteter Beobachter, wie ein ins Irrenhaus geratener Normaler, der seine Normalität nun so dosieren muss, dass die komplett verrückten Irrenärzte ihn mit ihren Elektroschocks verschonen. Ein feines Nadelöhr, zumal wenn man den Irrenärzten diese Einschätzung der Situation selbst schriftlich mitteilt, offenbar in der Hoffnung, diese seien idiotisch oder souverän genug, sie nicht auf sich zu beziehen (obwohl sie schon das Gegenteil bewiesen haben). Man kann nur spekulieren, ob Staatsanwalt Kraus, falls er die Zeilen später gelesen hat, durch den Verweis auf seine physischen (sprich: fehlenden intellektuellen) Machtmittel in deren unbedenklichem Gebrauch (spontan/auf längere Sicht) irritiert, gehemmt und/oder angestachelt war. Doch ganz egal wie die Beteiligten sich individuell verhalten (hätten): Mit dem Eindringen der Obrigkeit in die Privatsphäre wird eine Asymmetrie der Informations- und Machtverhältnisse installiert, die aufs Ganze immer einen größeren Zivilisationsverlust nach sich ziehen muss als der Verzicht darauf.

---

36 Ebd., S. 269 f.
37 Ebd., S. 270.

Denn einmal eingetreten, ist der *vermeidbare* kommunikative Störfall so gravierend, dass seine Verstrahlungen alles kontaminieren – bis hinein in die spätere historische Aufarbeitung, sofern auch deren systemtheoretischer, dem Potential an pittoresken Wucherungen inhärenter Reiz stets noch auf Kosten seiner Opfer geht. Entsprechend burlesk wie zugleich müßig und erniedrigend gestaltet sich der kurze tagebuch-poetologische Disput zwischen Tagebuch-Schreiber und -Okkupant:

> Also das Tagebuch wurde zuerst vorgenommen, wobei mir die bemerkenswerte Frage vorgelegt wurde, ob ich im Kopf hätte, was alles drinstehe. Auf meinen Einwand, daß derartige Aufzeichnungen völlig private Selbstgespräche seien und daß niemand je einen Einblick darein erhalte, ging man nicht ein. Es seien schwere Beleidigungen gegen Dr. Vollmann [einen der Staatsanwälte, Anm. d. Verf.] darin, und das Heft gehe daher zum Akt (meines Wissens müssen es aber zwei Hefte sein). Dazu eine Predigt: Es sei gegen das Führen von Tagebüchern gar nichts einzuwenden. Aber es gebe genügend Stoff dazu und ich habe mir stets bewußt zu halten, daß ich Festungsgefangener sei, andernfalls – –.[38]

Dass Mühsams expliziter Hinweis auf den intimen Charakter der Tagebuchgattung kommentarlos übergangen wird, markiert das zivilisatorische Gefälle und die daraus resultierende Unmöglichkeit jeder wirklichen, d. h. hier nicht rein taktischen Auseinandersetzung. Vollends zementiert wird die generische Ignoranz der Beschlagnehmer durch die Verfügung, das inkriminierte Tagebuchheft „zum Akt" zu geben – womit es rückwirkend zum Teil einer immerwährenden, jegliche Äußerung umfassenden *Vernehmung* umdefiniert und also das Vernehmen und Vernommenwerden zum universellen Kommunikationsmodus erhoben wird.

Unter diesen Umständen überrascht es nicht, wenn Mühsam die Nachfrage des Überwachers, ob der Ausgespähte seine Notate etwa vollständig im Kopf habe, besonders achtsam registriert, spricht aus ihr doch weniger ein mnemotechnisch-psychologisches Interesse als die grundsätzliche Erwägung, inwieweit es gegebenenfalls Sinn hätte, die Tagebücher unabhängig von ihrem Verfasser zu vernichten. Mühsam kann nicht mehr tun, als die Haltung zu bewahren: „Ich beabsichtige, meine Tagebücher wie bisher zu schreiben, objektiv und wahr ..."[39]

Ob man die darin implizierte Rücknahme früherer strategischer Einschränkungen als Trotzreaktion, taktische Finesse oder beides deutet, nimmt sich nicht viel – die reale Agenda wird, wie sich am 25. Dezember 1921 zeigt, von außen vorgegeben:

> Eben beginnt die Presse mit der Veröffentlichung von Auszügen aus der Regierungsdenkschrift gegen uns, die das gleiche Konglomerat von Verleumdungen und Fälschungen zu sein scheint, wie es von dieser Seite zu erwarten war. [...] In

---

38 Ebd., S. 270.
39 Ebd., S. 271.

dieser Denkschrift also figuriere auch ich mit einer ganzen Anzahl von Zitaten, die meine revolutionäre Fürchterlichkeit beweisen sollen. Ich kann ja nicht nachprüfen, ob ich all das wirklich geschrieben habe – es scheint aus den mir weggenommenen Tagebüchern zu stammen.[40]

Hätte Mühsam unbeschränkten Informationszugang, könnte man ihm vorhalten wollen, er müsse sich schon entscheiden, ob es sich nun um „Verleumdungen und Fälschungen" oder aber um Exzerpte aus seinem Tagebuch handele – läge die eigentliche Fälschung und Verleumdung nicht schon in der Transferierung von Tagebuchinformationen in Regierungsdenkschriften per se. Der ungewollte Bumerang-Effekt wird dadurch so massiv, dass Mühsam sich – und das ist wirklich schlimm – rechtfertigen zu müssen meint:

> ... und wenn ich ferner prophezeie, die nächste Revolution werde furchtbare Formen haben, so zeigt schon das Wort furchtbar, daß mich das nicht im mindesten freut. Aber was die Reaktion heute sät, kann ja nur schauderhaft aufgehen.[41]

Ganz auf den zweiten Sprechkanal gerichtet, mutiert das Tagebuch hier zur Verteidigungs- bzw. Kampfschrift, nun freilich – weil eben doch nicht öffentlich, zumindest nicht sofort, wie man es bräuchte – wieder in die andere Richtung dysfunktional. Angesichts solcher Vergeblichkeit stimmt es umso trauriger, Mühsam schließlich an dem Punkt zu sehen, wo er sich die komplette Offenlegung seiner Privatsphäre zur eigenen Entlastung selbst herbeiwünscht:

> Aber im gleichen Augenblick, wo man mich dem erschrockenen Bürger in dieser blutigen Maske zeigt (denn daß die Tagebücher noch allerlei anderes enthalten, woraus man entnehmen könnte, daß ich am Ende kein schlechteres Herz im Leibe habe als andere Leute, verschweigt man natürlich), zerrt man mich von der anderen Seite als Schwindler vor die Öffentlichkeit ...[42]

Die „blutige Maske" heruntergerissen bekommen zu wollen, um die Welt von seiner Harmlosigkeit zu überzeugen, scheint in solcher Lage subjektiv in dem Maß nachvollziehbar, wie sie objektiv untragbar ist. Denn ob dieser „Gefallen" nun gewährt wird oder nicht, Mühsams (für ihn unvermeidbare) Befleckung und Erniedrigung ist in dieser Lose-Lose-Situation ebensowenig mehr zu beheben wie die (sehr vermeidbare) Selbstbefleckung und -erniedrigung seiner Kontrahenten – womit die Verkorkstheit des durch den Informationskurzschluss verursachten Prozesses zu einer gewissen Sättigung gelangt.

7.

Doch damit nicht genug: Am 6. März 1923, abermals in Einzelhaft, vermeldet Mühsam zum dritten Mal, dass alle seine Tagebücher beschlagnahmt seien,

---
40 Ebd., S. 281.
41 Ebd.
42 Ebd.

("zehn Hefte mit täglichen Aufzeichnungen wegen politisch-agitatorischen und teils gröblich beleidigenden Inhalten",[43] so zitiert aus der offiziellen Eröffnung, die man ihm macht), wenngleich ihm das Führen eines Tagebuchs auch weiterhin vorläufig nicht verboten sei.[44] Sein gelassen-resignierter Kommentar zeigt an, dass mittlerweile wirklich schon so etwas wie Routine eingetreten ist: „Wollen abwarten, ob Goliath diesmal über David Herr wird oder ob's wieder mal umgekehrt geht."[45] Die „Antwort" folgt bereits am nächsten Tag:

> Eben ist nun das Unwetter niedergegangen. [...] es wird neuerlich verhängt: Absonderung mit Brief-, Zeitungs-, Paket- und Besuchsverbot und Rauchverbot, alles bis auf weiteres. Gründe: Die bei mir bis zum 1. März geführten Tagebücher enthalten Beschimpfungen gröblichster Art gegen die mit meiner Bewachung betrauten Beamten vom Minister abwärts bis zum Aufsichtspersonal. [...] Ich habe stillschweigend zugehört und keinen Mucks von mir gegeben, um keinen Grund zu schaffen, mich wegen anderer Dinge zu maßregeln als wegen zeugenlos schriftlich geführter Selbstgespräche. [...] Ich werde nun wohl oder übel die Tagebuchnotizen auf rein Tatsächliches beschränken und mich kritischer Randglossen enthalten.[46]

– wovon freilich bei aller spürbaren Zermürbung und (echter oder taktischer) Kapitulation auch ferner nicht die Rede sein kann. Genauso wenig gibt er etwa seine früheren Tagebücher schon verloren, wie der Disput zeigt, der sich am 1. Mai bei Zenzls Besuch mit dem wie immer präsenten Aufseher entspinnt:

> Bei dem Auftrag an Zenzl, den Schutzverband zu veranlassen, sich für die sichere Verwahrung der Tagebücher zu verwenden, kam der Befehl, über die Tagebücher dürfe nicht gesprochen werden, und ich dürfe überhaupt nur von Familienangelegenheiten reden. Ich bestand darauf, auch meine geschäftlichen Angelegenheiten zu erörtern, und es gab den üblichen Zusammenstoß, wobei Herr Sauer [der Aufseher] erklärte, die Tagebücher gehörten auch nicht zu meinen geschäftlichen Angelegenheiten. „Das kann ich auch beurteilen." Der Gefängnisaufseher erklärte sich also kompetent in literarischen Dingen. [...] In der Tagebuchsache verzichtete ich natürlich darauf, den beiden Herren verständlich zu machen, daß die täglichen Aufzeichnungen aus vier Jahren für einen Schriftsteller das allerstärkste literarische und geschäftliche Interesse hätten.[47]

Wie um die Widersinnigkeit auch ja nach jeder Richtung durchzudeklinieren, wird diesmal mit vertauschten Rollen argumentiert: Während der Aufseher – Repräsentant einer Institution, die Tagebücher in Landtagen verlesen lässt – diese nun keinesfalls als geschäftliche und damit öffentliche Angelegenheit gelten lassen will, pocht Mühsam umgekehrt auf das Geschäftsinteresse seiner „völlig privaten", „zeugenlos schriftlich geführten Selbstgespräche" – wenn auch (klu-

---

43 Ebd., S. 322.
44 Ebd., S. 322 f.
45 Ebd., S. 323.
46 Ebd., S. 323 f.
47 Ebd., S. 325 f.

gerweise?) nicht direkt, sondern auf dem kurzen Umweg übers (bald wieder mal zu konfiszierende) Tagebuch. Die Absicht ist auf beiden Seiten überdeutlich, die Beschädigtheit ihres „Gesprächs" noch mehr.

Dagegen wirkt es tröstlich, wenn sich – wieder ein Jahr später – auch einmal ein Beispiel dafür findet, dass die mit der Tagebuch-Entwendung losgetretene Lawine nicht überall im Sinne ihrer Lostreter, sondern auch nach hinten losgehen kann: gemeint ist Mühsams Verhältnis zum ebenfalls inhaftierten und ihm durch Intrigen zeitweise entfremdeten Ernst Toller, von dem es am 15. Juli 1924 heißt:

> Wir sind als sehr gute intime Freunde geschieden und werden es bleiben. Ich glaube, daß dies Ergebnis wesentlich meinen Tagebüchern zuzuschreiben ist. Eine verärgerte, unfreundliche Bemerkung über Ernst T. ist dem Bayrischen Landtag vorgelesen, der bayrischen Presse zur Verwendung übergeben und von Müller-Meiningen in seinem Buch „Aus Bayerns schwersten Tagen" gegen uns beide benutzt worden. Diese Möglichkeit hatte ich damals schwer voraussehen können, fühlte mich aber schuldig und habe versucht, wiedergutzumachen. So hat uns die ungeheuerlichste Indiskretion der Behörden einander zugeführt und uns, die sie durch Denunziation privater Gelegenheitsempfindungen auseinander- und gegeneinanderbringen wollte, zu Freunden gemacht.[48]

Noch schwerer konnte Mühsam allerdings das Schreckliche voraussehen, was mit seinen Tagebüchern nach seiner Ermordung durch die Nazis – als er keine Möglichkeit mehr hatte, positiv zu intervenieren – geschehen würde: 1936 nahm Zenzl Mühsam die geretteten 42 Quarthefte mit ins russische Exil und stellte sie in bester Absicht „dem Moskauer Maxim-Gorki-Institut zur Verfügung, das ihr eine Veröffentlichung der Werke Mühsams in mehreren Sprachen in Aussicht stellte. Kurz darauf wurde sie verhaftet. Die Tagebücher und Briefe Mühsams dienten dem sowjetischen Geheimdienst NKWD offensichtlich als Erpressungs- und Belastungsmaterial gegen deutsche Emigranten im Zuge der Stalinistischen ‚Säuberungen'."[49] So konnte es geschehen, dass Mühsams hehres Ethos, allenfalls sich selbst, nie aber andere zu gefährden, statt von seinen zeitgenössischen präfaschistischen Gegnern, ausgerechnet von deren vermeintlichen Antipoden am grausamsten mit Füßen getreten und zum tragischen Irrtum verkehrt wurde. Wäre ihm diese Möglichkeit bewusst gewesen, er hätte seine Tagebücher wohl vernichtet. Ob das jemandem geholfen hätte, ist angesichts der stalinistischen Willkür freilich ungewiss. Gewiss ist, dass die Literaturgeschichte um ein faszinierendes Zeugnis ärmer wäre.

8.

Wer immer heute Erich Mühsams Tagebücher aus der Festungshaftzeit liest, wird sich, wenn er nicht extrem verstockt ist, früher oder später auch als Adres-

---

48 Ebd., S. 357.
49 Hirte, Einblicke in Erich Mühsams Tagebücher, S. 60.

sat des vierten Schriftsinns angerufen fühlen – als Nachgeborener, froh, in einer Situation zu sein, die ihm genügend Freiheit lässt, vergangene Unfreiheit zu analysieren – doch eben dadurch auch verpflichtet, Stellung zu beziehen. Mag das dem Mühsam, den man 1934 umgebracht hat, noch so wenig nützen – für den Mühsam, der in seinen Schriften weiterlebt, ist es der Unterschied ums Ganze. Und so wird man ihm aus vollem Herzen attestieren, dass er sich als Humanist in einer inhumanen Welt sehr tapfer schlägt und (soweit aus den Quellen zu beurteilen) auch mit seiner Kritik und selbst beim Schimpfen überwiegend richtig liegt. Wie damals mit ihm umgesprungen wurde, war nicht nur aus seiner Sicht, sondern es bleibt für immer und für jeden nicht ganz zynischen Betrachter ein Skandal. Dass Mühsam seine Ideale dennoch nicht verraten und seine persönliche Integrität auch unter größtem Druck nie eingebüßt hat, macht ihn zum Helden des Widerstands. In diesem Punkt ist seine Botschaft an die Nachwelt – zumindest in der hier repräsentierten Mikro-Öffentlichkeit des Jahres 2008 – eingetroffen, und man kann nur hoffen, dass auch größere und spätere (Nach-)Welten dafür erreichbar bleiben.

Komplizierter wird es, wenn es um die strategische Beurteilung von Mühsams Tagebuchkampf geht: Wie geschickt agiert er? Und wie konsequent? Wobei natürlich unterschieden werden müsste, in welcher Hinsicht: Als Chronist? Als politischer Kämpfer? Als Schriftsteller? Zum eigenen Wohl(ergehen)? Als künftiger Märtyrer? Diesen Fragen einzeln nachzugehen, wäre in einigen Fällen sicher reizvoll, doch insgesamt fragt sich, wofür? Wäre es doch doppelt müßig, Mühsam in die Vergangenheit hinein Noten oder Ratschläge erteilen zu wollen, dieser Kampf ist endgültig vorbei, und seine Darstellung hat – wenn irgendetwas – klargemacht, dass man als Opfer zwar mehr oder weniger taktische Fehler begehen, der Situation jedoch grundsätzlich nie gewachsen sein kann.

Abgesehen davon bekäme eine solche Erörterung unweigerlich zunehmend etwas Gespenstisches, sofern jede Frage, jeder Befund alsbald postwendend, nur viel lauter, in die Gegenwart zurückprallen und sich zur Gewissheit fügen würde, dass wir selbst, was die Gefährdung unserer eigenen „Tagebücher" und Privatsphäre überhaupt angeht, heute gerade nicht aus der Position eines geläuterten, erleichtert überwundenen Schieflagen nachkontemplierenden Jenseits agieren, sondern im Gegenteil als Zeugen und Objekte einer beispiellosen Erosion der informationellen Selbstbestimmung, gegen deren Potential die bayrischen Schnüffeleien der Zwischenkriegszeit fast idyllisch anmuten.

Das „Damoklesschwert unbekannter neuer Peinigungen" – 1921 Chiffre eines illegitim seiner Tagebücher beraubten Festungsgefangenen für die potentiell daraus erwachsenden Schrecken – hat sich flächendeckend vervielfältigt und hängt als Konsequenz des Zusammenwirkens der rasanten kommunikationstechnischen Evolution mit einem unentwegt auf Legalität und Institutionalisierung drängenden Überwachungsfanatismus mittlerweile (meistens mehrfach) über *jedem*, auch den „Freien" – inklusive jener, die dem Lemming-Glauben anhängen, (ihre) Normalität bestünde im „Nichts-Zu-Verbergen-Haben".

9.

Obwohl hier nur kursorisch anzudeuten, scheint ein Abgleich des historischen Einzelfalls mit der aktuellen bzw. nahzukünftigen Situation zum Abschluss insofern sinnvoll, als er – im Unterschied zur täglichen Flut aus isolierten, naturgemäß oft infinitesimale Bewegungen dokumentierenden Pressemeldungen („Neuer Ministervorstoß zur Überwachung des x-Mediums", „Neue Richtlinie zur Vorratsdatenspeicherung von xy (in dieser oder jener Region)", „Bespitzelungsskandal bei X", „Privates Video im Internet aufgetaucht" etc.) – ein paar größere Verschiebungen in den Blick rückt:

A) hinsichtlich der Überwacher:

– Mühsams Tagebuch-Auswerter sind einzelne, dem Überwachten teils namentlich bekannte und von Angesicht zu Angesicht begegnende Personen. – Die künftigen Überwacher werden dagegen tendenziell Computer bzw. Anonyme sein – was die Chancen einer Rückmeldung oder Belangung stark vermindert.

– Mühsams zeitgenössische Kontrahenten erscheinen heute unzweideutig als die Schergen, die sie in dieser Angelegenheit waren. – Im Zuge der gegenwärtigen Sicherheitsmanie indes gelangt der wohl in allen Epochen und Kulturen mehr oder weniger unvermeidliche Menschentyp des Schnüfflers bzw. Denunzianten, in freien Gesellschaften als Schmarotzer am Leben der anderen geächtet und entsprechend eingehegt, wieder zu Scheinlegitimität und Macht, und zwar in einem Ausmaß, wo das Missbrauchspotential in keinem tolerablen Verhältnis mehr zum potentiellen Nutzen steht.

– Für Mühsam war die überwachende Machtinstanz eine einzige, klar umrissene, nämlich der damalige, noch nicht demokratisch gefestigte und z.T. entsprechend willkürlich agierende Staat. – Im aktuellen Deutschland wäre – das ist die gute Nachricht – ein Umgang wie der mit Mühsam weder rechtens noch besonders wahrscheinlich. Unterdessen jedoch wird das seit 1949 gewachsene Vertrauen in funktionierende Rechtsstaatlichkeit und Gewaltenteilung (sowie die oft gedankenlos damit verknüpfte, wenngleich ganz unbegründete Gewissheit, diese seien automatisch auf ewig garantiert) in den letzten Jahren von den Agenten der Sicherheitsideologie als Persilschein für immer neue, das im Grundgesetz umrissene Staatskonzept sukzessive aushöhlende Maßnahmen missbraucht. Ferner treten heute (in einer Art Wettrennen zum Totalitarismus) neben dem Nationalstaat weitere Machtzentren als potentielle Überwachungsinstanzen auf, namentlich andere (nicht unbedingt immer freiheitliche) Staaten und private Konzerne. Sind diese miteinander nicht vernetzt oder anderswie kurzgeschlossen (etwa infolge technischen Versagens, Schludrigkeit, eines Gerichtsurteils, Sabotage etc.), wird sich das Risiko, missbräuchlich überwacht zu werden, bloß addieren; sind sie es jedoch (womöglich auch heimlich), explodiert es ins Unkalkulierbare.

B) ideologisch:

- Die Entwendung und Ausschlachtung von Mühsams Tagebuch ist eine so offensichtliche Barbarei, dass die Obrigkeit, die sie begeht, gar nicht auf die Idee kommt, sich dafür zu rechtfertigen. – Davon ist man derzeit weit entfernt, bewegt sich allerdings mittels einer von interessierter Seite unermüdlich lancierten Kette von immer in dieselbe Richtung zielenden „Vorstößen", „Debatten", „Provokationen" etc. der Tendenz nach schrittweise wieder auf diesen Standard zu. Treibende Kraft und regulative Idee ist dabei ein Konzept totaler Sicherheit – dessen ideologischer Charakter a) in dem abstrusen Heilsversprechen besteht, absolute Sicherheit sei real erreichbar (oder auch nur wünschenswert), b) in der Suggestion, die Sicherheit steige proportional zur Einschränkung von Freiheitsräumen, insbesondere der informationellen Selbstbestimmung resp. Privatsphäre sowie c) in der propagandistischen Täuschung hinsichtlich der Frage, wie eventuelle „Sicherheitsgewinne" sich zwischen den Überwachten (denen sie angeblich) und den Überwachern (denen sie größtenteils wirklich zukommen) verteilen. Taktisch kommt dabei ein relativ fixes Set durchgehend zynischer und teils widersprüchlicher Scheinargumente zum Einsatz, etwa: Es sei eh schon alles öffentlich, man könne also auch sein nominell (noch) Nichtöffentliches preisgeben; wer nichts zu verbergen habe, dem geschehe auch nichts (womit zugleich der offen totalitäre Umkehrschluss nobilitiert wird, wer eine Privatsphäre beanspruche, müsse wohl etwas zu verbergen haben), ferner: Man agiere ohnehin nur in besonders schweren Fällen (weshalb man auch ruhig gleich alle erfassen könne); Intimes würde sowieso nie ausgewertet (wofür man sich natürlich vorab vergewissern muss, dass es sich auch wirklich durchgehend um solches handelt) usf.

- Mühsam wäre als Betroffener wohl keiner dieser Manipulationen zugänglich gewesen, kein noch so literaturbegeisterter Staatsanwalt hätte ihn dazu bereden können, die Beschlagnahmung seiner Tagebücher geschehe zu seinem eigenen Besten. – Was die aktuelle Debatte angeht, ist die Lage nicht so klar: Zwar finden sich bislang für so gut wie jede neue „Sicherheits"-Attacke Leute, die sie – im Falle stiller Offensiven – überhaupt erst namhaft machen, mit klugen Argumenten kritisieren, aktivistisch bekämpfen oder künstlerisch ad absurdum führen. Doch erstens bleiben diese Kritiker in ihrer öffentlichen Reichweite auf jene gesamtgesellschaftlich in summa zunehmend marginalisierten Foren beschränkt, wo vernünftige und differenzierte Argumentationen möglich sind, während das hegemoniale Spektakel bzw. dessen Infotainment-Segment davon weitgehend unbehelligt bleibt. Und zweitens machen sich die Sicherheitsapostel – sei es aus missionarischem Fanatismus oder strategischer Abgebrühtheit – nichts aus argumentativen Widerlegungen. Vielmehr werden sie nach kürzester Anstandsfrist dasselbe oder (taktisch gewieft) ein noch viel kühneres Anliegen vorbringen – so lange, bis die Kritiker zermürbt, als Nörgler abgetan oder gelangweilt, jedenfalls: faktisch besiegt sind. Analog verfährt man auf legislativer und juristischer Ebene, wo man sich von internen Mahnern, verlorenen Abstimmungen oder in die Schranken weisenden Gerichtsurteilen keineswegs beeindrucken lässt, sondern einfach so oft auf Wiedervorlage dringt, bis man schließlich einmal durchkommt – um schnurstracks auf dem nächsten Level neu zu starten.[50] Wieviel „Sicherheit" sich eine Bevölkerung am Ende bieten lassen muss, hängt maßgeblich davon ab, wie früh sie absolute, unverhandelbare Grenzen absteckt und wie massiv sie sie verteidigt. Ist die „Sicherheit" einmal zur „Staatssicherheit" oder „Konzernsicherheit" geworden, kann sie nur noch an inneren Widersprüchen kollabieren oder durch eine Invasion humanistischer Außerirdischer hinweggefegt werden – der Einzelne ist dann, gleich wie mutig oder pfiffig, ohne Chance.

– Schon für Mühsam blieb das Verwertungsinteresse seiner Überwacher die längste Zeit relativ unbestimmt, was stark zu seiner Verunsicherung beitrug. Im Ganzen konnte er jedoch davon ausgehen, Gegenstand einer ideologischen Auseinandersetzung zu sein, des Kampfs der aktuellen Staatsgewalt gegen einen ihrer Herausforderer. – Letzteres gilt in gewissem Maße immer noch, diffundiert jedoch in die inzwischen unüberschaubare Mannigfaltigkeit möglicher Kontrollinstanzen und -interessen. So wundert es nicht, wenn die Tendenz dahin geht, möglichst flächendeckend, unabhängig von konkreten Verdachtsmomenten und präventiv zu überwachen, um dann gegebenenfalls nach Belieben entscheiden zu können, wen man womit überführen, bloßstellen, maßregeln, erpressen etc., für wieviel man welche Daten an wen verkaufen, welche man wie manipulieren kann usf.

C) gattungstypologisch/medial:

– Zu Mühsams Zeiten lag der Grenzverlauf zwischen Öffentlichem und Privatem, wenigstens der allgemeinen Konvention nach, weitgehend fest. Das Tagebuch zählte, solange der Urheber nicht öffentlich anderes verfügte (etwa indem er selbst daraus publizierte), eindeutig zum Privatbereich. Der Entschluss, im Tagebuch eines anderen ohne dessen Zustimmung zu lesen, war

---

50 Damit soll nicht behauptet sein, dass eine rationale, differenzierte, auf (statistischen) Daten fußende und ihre Wertmaßstäbe reflektierende gesellschaftliche Diskussion und demokratische Willensbildung bezüglich des Umgangs mit realen Risiken im Prinzip nicht möglich oder wünschenswert wäre – wohl aber, dass der gegenwärtige Sicherheitsdiskurs, wie er die massenmediale Öffentlichkeit beherrscht, damit so gut wie nichts zu tun hat.

(und ist), indem er den Betroffenen als Person negiert, die (Rück-)Überschreitung einer absoluten, nicht graduell relativierbaren zivilisatorischen Grenze, darin – zumal wenn sie von Seiten einer fraglos überlegenen Machtinstanz erfolgt – im Kern analog zur Folter.[51] – Gegenwärtig ist sowohl das Bewusstsein dieser Grenze wie die Idee des Privaten überhaupt unter massiven Druck geraten, entscheidend mitverursacht durch die galoppierende technologische Evolution: Ständig entstehen neue Kommunikationskanäle, Speichermedien und Formate, deren oft verlockende Möglichkeiten in den meisten Fällen im Prinzip sowohl privat wie öffentlich nutzbar scheinen. So mag ein aktueller Tagebuchschreiber unverdrossen weiter handschriftlich seine Hefte füllen, die umgebende Entwicklung drängt ihn doch zusehends aus der Zeit, stempelt ihn zum Anachronismus und zwingt ihn, sich (und sei es nur vor sich selbst) für die Nichtnutzung von Möglichkeiten zu rechtfertigen, gegen die er vielleicht gar nichts hat, geschweige denn ein fortschrittsfeindliches Argument oder Ressentiment. Will er sich nicht in die angestrengte Pose des Unzeitgemäßen fügen, wird er sich den neuen Medien früher oder später öffnen, zumal wenn er auch in der Kommunikation mit anderen nicht die zunehmende Energie aufbringen möchte oder kann, die es praktisch und auch psychisch kostet, in einer Welt, wo alle jeweils gerade Brieftauben/Telefon/Fax/Handy/E-Mail/Facebook/Skype/etc. benutzen, jeweils gerade ohne Brieftauben/Telefon etc. existieren zu wollen. Ob der mitteilsame Mühsam, würde er heute leben, bei seiner Tagebuchführung auf die Praktikabilität eines Laptops bauen, ob er für seine öffentliche und seine private Textproduktion verschiedene Computer/Medien benutzen, sein Tagebuch mit Digitalschnappschüssen oder kurzen Filmen aus dem Photohandy ergänzen, Audiomitschnitte aus dem Diktiergerät einfügen, ja ob er überhaupt noch etwas wie ein Tagebuch führen würde, bleibt pure Spekulation. Sicher ist: Je mehr verschiedene, moderne, computerbasierte bzw. internetverbundene Kanäle er dabei benutzen wollte, desto fragiler und fraktaler würde die Grenze zwischen seinem öffentlichem und seinem privatem Leben. Um sie klar zu ziehen, brauchte er das Wissen und die Verfügungsgewalt über alle faktischen und potentiellen Zugriffs- und Verknüpfungsweisen sämtlicher womöglich Privates enthaltender Informationskanäle und -speicher sowie die jeweils aktuell wirksamen Verschlüsselungs- und Abschirmroutinen. Das ist, zumal für einen Einzelnen, allenfalls dadurch zu er-

---

51 Dass das Überwachungsopfer, anders als der Gefolterte, den „ersten Schlag" nicht gleich und auch nicht physisch spürt (ja womöglich nie etwas bemerkt), macht in praxi und auch phänomenologisch selbstverständlich einen Unterschied – was jedoch die Absolutheit und das Irreversible des Zivilisationsbruchs auf der Täterseite und das Ausgeliefertsein des Opfers resp. dessen Wahrnehmung davon betrifft, gilt hier alles, was Jean Améry, Jenseits von Schuld und Sühne, Bewältigungsversuche eines Überwältigten (1966), Stuttgart, Klett, 1977, S. 55 ff. für die Folter klassisch formuliert hat, unvermindert ebenso. Dass die Übereinstimmung keineswegs bloß scholastisch ist, zeigt die hohe Korrelation bei der Bereitschaft überwachender Mächte, auch zu foltern.

reichen, dass man sich zum Spezialisten ausbildet und den Großteil seiner Energie darauf verwendet. Was daneben noch zu schaffen ist, bleibt ungewiss – ein Tagebuch wie das von Erich Mühsam sicher nicht. Würde er es dennoch führen wollen, unter heutigen „Normalbedingungen", i. e. als Word-Datei auf seinem internetverbundenen Rechner, so müsste er dies inzwischen wie jeder Nichtexperte – ganz ohne Festungshaft – entweder unfassbar naiv tun oder erneut in jener oben erwähnten psychologischen Kippstellung zwischen dem unguten Bewusstsein, dass alles, was er gerade tut, beizeiten gegen ihn verwendet werden kann, sowie dem graduellen, genauso unguten Verdrängen und Vergessen dieses Wissens. Wäre er sich doch bewusst, dass seine Tagebuch-Datei von interessierter Seite ohne weiteres eingesehen werden könnte, und zwar unter Implikationen, die selbst den schwer geprüften Mühsam schaudern lassen müssten:

- Im Jahr 1920 bekam er es immerhin gleich unübersehbar mit, wenn man ihm seine Hefte wegtrug – heute geschähe solcher Datendiebstahl vorzugsweise heimlich, und man sähe währenddessen gar keinen Grund, sich etwa zu beschweren.

- Außerdem machte das Wegschaffen und Auswerten damals einigen Aufwand und bedurfte einer gewissen Zeit, die man den Überwachern bei der Produktion und selbst nach der Entwendung noch voraus war – heute können die Daten weitgehend zeitgleich abgesaugt und zunehmend (mit zwar oft blödsinnigen, doch für die Opfer nicht unbedingt weniger harmvollen Ergebnissen) maschinell ausgewertet werden.

- Was die „dicken roten Striche unter ganzen Zeilen" betrifft, so waren sie als unsensible Entstellungen der Überwacher eklatant und leicht von Mühsams eigenem Text zu unterscheiden – während es seinen Feinden mittlerweile ein Leichtes wäre, die Tagebuchdatei weitgehend spurlos in ihrem Sinne zu frisieren, etwa Missliebiges zu eliminieren (z. B. alle „gröblich beleidigenden Inhalte") oder umgekehrt fiktives Belastungsmaterial (momentan vorzugsweise Pädophiles) einzufügen, ohne dass er es (gleich) merken würde.

- Schließlich wäre es für die Tagebuchdurchstöberer der frühen Zwanziger ziemlich aufwendig und in vielen Fällen gar unmöglich gewesen, die von Mühsam dort gelieferten bzw. ausgesparten Informationen anderweitig zu bestätigen bzw. zu ergänzen. – Mit der aktuell fortschreitenden Diffundierung der Privatsphäre in die verschiedensten, sämtlich einzeln kontrollierbaren und miteinander korrelierbaren Kanäle (Handy, Karten, Abhebungen, Bewegungsprofile, Google-Anfragen, Mails, Einkäufe etc.) entsteht, zumal nicht länger nur der einzelne Verdächtige, sondern (so gut wie) jeder, also jeweils auch dessen gesamtes Umfeld präventiv erfasst wird, ein Überwachungsraum, wo das, was Mühsams Schergen als schrille Schweinerei begingen, nämlich einen Tagebucheintrag „zum Akt" zu geben, allgemeine

Norm wird: Jede Lebensäußerung wird potentiell „zu Protokoll genommen". Wer unter diesen Bedingungen seine Privatsphäre erhalten will, muss sich eine Paranoia antrainieren, für deren Ausmaß es noch gar kein klinisches Exempel gibt – oder steht vor der Herausforderung, auf diesem Erdball und in dieser Gegenwart in eine andere Gegend und Epoche umzusiedeln.

D) hinsichtlich der Überwachten:

- Was Mühsam seiner Persönlichkeits- sowie der entsprechenden Tagebuchkonzeption nach im Enteignungskampf entscheidend stärkt, ist sein messianischer Charakter, der es, bei allen Zweifeln und Verzweiflungen im Grunde völlig unanfechtbar, schon von selbst so sehr auf Öffentlichkeit anlegt, dass die unvermutete Enteignung des Intimen ihn zwar, wie wohl jeden, schmerzlich trifft, doch keineswegs – wie bei weniger Abgehärteten oder mit sich selbst im Reinen zu erwarten – ganz vernichtet. Ob dieser recht robuste Anschein seinem inneren Erleben tatsächlich entsprochen hat oder nicht – von heute aus könnte man ihm dazu erst einmal gratulieren wollen, tritt der schmerzfreie, selbst aktiv werdende Privatheitsexhibitionist doch vermeintlich am besten gerüstet in die kommende Epoche. Allein, selbst wo man abgeschmackt genug wäre, hieraus einen (weiteren) Sozialdarwinismus konstruieren zu wollen des Tenors: „Na, dann müssen sich halt alle locker machen, alle Krankheiten, Gebrechen, Schulden, Körperteile, Fehler, Geheimnisse, Gedanken, schlechte Angewohnheiten, kreatürliche Bedürfnisse etc. auf den Tisch, und wer mit seinen öffentlich nicht leben kann, gehört schon vorher abgeschafft" – so zeigt gerade Mühsams Beispiel schlagend, wie wenig selbst die größte „Unverwundbarkeit" und „innere Gestähltheit" einen aus der Überwachungsmühle retten kann.

- Sollte Mühsam irgendwo im Inneren jemals eitlen Stolz darüber empfunden haben, dass man ihn als Staatsfeind ernst genug nahm, sich für seine privatesten Gedanken zu interessieren, so hat er ihn gut verborgen. Die aktuelle kapitalistische Spektakelgesellschaft, in der, von einigen Medienschimären abgesehen, letztlich gar kein Einzelner, geschweige denn sein Persönliches, mehr interessiert, es sei denn positiv als Kunde oder negativ als Störfaktor, erhöht dagegen sichtlich die Bereitschaft, der eigenen faktischen Bedeutungslosigkeit entgegenzuarbeiten, indem man sein Privatestes selbst exponiert. Und egal, inwieweit dieser aufmerksamkeitsökonomische Transfer von „eigenem Fleisch" in „Prominenz" jeweils gelingt und ob er sich am Ende subjektiv bezahlt macht – immer ist er als Indiz der allgemeinen Sehnsucht nach Gesehenwerden implizite Legitimation und kostenlose Werbung für die Überwacher.

- Ein Tagebuch mag man liebgewinnen und damit verwachsen. Wird dessen Fortführung aber, wie für Mühsam im Gefängnis, zu prekär, bleibt einem die freie Wahl, es (zeitweilig) ruhen zu lassen. – Diese Option aber sehen die meisten Zeitgenossen für die Medien, über die sie heute/künftig ausgespäht werden, offenbar nicht mehr: Zu unverzichtbar und verlockend sind sie ihnen, für den Gelderwerb, die Mobilität, die Effizienz, den Zeitvertreib, ihre Sozialkontakte – für ihr ganzes Leben. Viele würden dafür im Zweifelsfall eher auf ihre Privatsphäre verzichten, selbst wenn ihnen dies vollauf bewusst wäre – zumindest so lange, bis die Folgen haptisch würden.[52] Historisch wäre das natürlich insofern nichts Neues, als es immer Leute gab, denen ihre Bequemlichkeit mehr galt als ihre Autonomie – neu aber wäre, wie leicht und flächendeckend sie zu dirigieren wären, und vor allem, dass ausgerechnet sie das Paradigma für den „idealen Bürger" abgeben sollen.

- Wenn der gefangene Mühsam sich im Wissen um die Überwachung vornimmt, sich den Umständen anzupassen, so ist er sich gewiss, dass dies ein strategischer Schachzug ist, der keine Konsequenzen auf sein inneres Wesen haben und mit dem Tag seiner Freilassung beendet sein wird. – Ein solcher „Tag der Freilassung" ist gegenwärtig allerdings nicht absehbar, stattdessen eher weitere Verschärfungen. Das psychische Korrelat dieser Lichtblicklosigkeit ist bei der großen Mehrzahl eine unterschiedlich konstellierte, im Ergebnis jedoch durchweg ohnmächtige Mischung aus Leugnung, Ablenkung, Zynismus, Fatalismus, internalisiertem Konformismus und vorauseilendem Self-Downsizing mit Maximen wie „Wenn ich nichts Schlimmes denke, wird mir nichts Schlimmes passieren", „Mag ich auch alles preisgeben müssen, so lässt man mich doch arbeiten und überleben" etc. Hinzu treten schimärische Hoffnungen wie „Es wird schon nicht so arg", „Das wird technisch gar nicht machbar sein, es sind zu viele Daten", „Wenn ich mich im Durchschnitt halte, bleibe ich unsichtbar" sowie „Es ist schließlich noch nicht so weit" – was sich vorzubeten „es" am allerwenigsten verhindern wird. Stattdessen braucht es eine möglichst große Zahl von Menschen, die auf allen Ebenen und jede irgend vertretbare Weise gegen ihre vermeintlich schicksalhafte, *in jedem Falle unvertretbare* „Sicherheitsverwahrung" ankämpfen. Denn so aktuell Mühsam als Opfer ist – noch aktueller ist er doch als Aktivist: „Ich soll? Ich muß? Doch will ich nicht / nach jener Herrn Vergnügen. / Ich tu nicht, was ein Fronvogt spricht" – sich fügen hieße lügen.

---

52 Hier kommt – obschon weniger geschichtsphilosophisch als bloß statistisch – auch ein Generationsmoment zum Tragen: Denn naturgemäß wird man umso argloser sein, je selbstverständlicher und alternativloser man mit den neuen Medien sozialisiert wurde und je weniger bzw. vermittelter einem die Schrecken totalitärer Regime (noch) präsent sind.

Leonhard Schäfer

Erich Mühsam in Italien

Um das Thema zu bearbeiten, bedarf es eines dreifachen Ansatzes:

1. Mühsams italienische Reisen

In seinen „Unpolitischen Erinnerungen" schwärmt Erich Mühsam von seiner Reise in den Tessin und nach Italien 1904 und von den Landschaften des Lago Maggiore und Italiens:

> Wollte ich mich darauf einlassen, die ungeheuren Eindrücke zu schildern, die die Landschaftsbilder des Hochgebirges, bald darauf die des Lago Maggiore und Italiens auf mich ausübten, dann käme ich mit sachlichen Bericht meiner unpolitischen Erlebnisse in absehbarer Zeit nicht vorwärts.

Etwas später :

> Diese erste Italienreise führte uns bis Genua, wo wir bereits ohne Geld eintrafen. [...] Von den höchst absonderlichen Abenteuern, die ich auf dieser Tour wie auf allen weiteren Reisen mit Johannes Nohl erlebte, will ich in diesem Zusammenhang kein Aufhebens machen. [...] Es käme ein eigenes, dickes Buch heraus, außerdem weiß ich, dass mein Fahrtgenosse dafür sorgt, dass sie der Nachwelt nicht verloren gehen.

Auch hierin täuschte sich Erich Mühsam, was Johannes Nohl anbelangt. Dafür können wir heute ein gesprochenes Dokument, nämlich „Die Italienreise" aus: „In meiner Posaune muss ein Sandkorn sein", vom Kabarettisten Reto Baumgartner, in YouTube anhören. Und dann kommt das Bekenntnis Erich Mühsams:

> Hätten wir nicht die unbekümmerte Leichtigkeit der Entschlusskraft gehabt, [...] wahrhaftig, ich säße da mit meinen fünfzig Jahren, hätte Florenz nicht gesehen [...], und müsste einer Jugend nachtrauern, die sich aus der Spießerangst vor einem bisschen Hungern und vor den Wanzen eines italienischen Absteigeasyls um ihre eigene Elastizität betrogen hätte.

1905 war er mit Nohl wieder in Genf, und es folgte seine „zweite italienische Reise" (diesmal aber nur die italienische Schweiz und das angrenzende italienische Gebiet). In „Ascona" schreibt er u. a. über die Italiener:

> Nur der Deutsche ist stolz, wenn er arbeitet. Der Romane empfindet die Arbeit als ein notwendiges Übel. „Arbeit macht das Leben süß" lernt das deutsche Kind schon in den Windeln. Der Italiener aber lehrt seinen Säuglingen „Dolce far niente" (Süß ist es, nichts zu tun).

> [...] das Italiener-Volk, dessen Charakter ebenfalls soweit in Erscheinung tritt, wie die italienische Zunge klingt, singt abends beim Kaminfeuer das prächtige Volkslied, das den armen Caserio [...] feiert [...], der deutsche Proletarier pfeift heute noch das Lied des „Vorwärts" nach, der ihn für einen irrsinnigen Fanatiker erklärte. [...] Wie freuen sich die Leute hier, wenn Nohl und ich in ihren Rundgesang des Caserio-Liedes mit einstimmen.

(Anmerkung: Der italienische Anarchist Sante Caserio verübte im Juni 1894 auf den französischen Ministerpräsidenten Carnot mit einem Messer mit rot-schwarzem Griff ein tödliches Attentat und wurde mit der Guillotine im August desselben Jahres hingerichtet. Es folgt die CD: *Canto a Caserio*)

Soweit Erich Mühsam in „Ascona".

Wahrscheinlich erst 17 Jahre später, nämlich in seinen Aufzeichnungen vom 28. Oktober 1922 in Niederschönenfeld zur faschistischen Machtergreifung, finden wir wieder etwas über Italien:

> Die Vorgänge in Italien sind deshalb so wichtig, weil sie als Vorbilder gelten können für das, was die verwandten Reaktionsorganisationen in ganz Europa, besonders in Deutschland und ganz speziell in Bayern für Pläne haben.

1925, nach seiner Entlassung, schreibt er „Mignon 1925":

Mignon 1925

> Kennst du das Land, wo die Faschisten blühn,
> im dunklen Laub die Diebslaternen glühn,
> ein Moderduft von hundert Leichen weht,
> die Freiheit still und hoch der Duce steht?
> Kennst du es wohl?
>   Dahin! Dahin
> möcht ich mir dir, mein Adolf Hitler, ziehn!
>
> Kennst du das Haus? Auf Wahlen ruht sein Dach.
> Die römische Kammer ist's und drinnen Krach.
> Drei Kommunisten sehn mich blutend an:
> Was hat man uns, du armes Kind, getan?
> Kennst du es wohl?
>   Dahin! Dahin
> möcht ich mit dir, o Knüppel-Kunze, ziehn!
>
> Kennst du des Mussolini Wolkensteg?
> Der Maulheld sucht mit Knebeln seinen Weg;
> er würgt die Presse, plagt das Volk aufs Blut
> und bebt, daß keiner ihm ein Leides tut.

Kennst du ihn wohl?
Dahin! Dahin
geht Deutschlands Weg! O Feme, laß uns ziehn!

1928 folgt sein Gedicht: Der Friedens-Duce: „Benito, sagt Lord Rothermere, braucht seine Flotte und sein Heer zur Friedenssicherung":

Der Friedens-Duce

Benito, sagt Lord Rothermere,
der Mussolini interviewte,
braucht seine Flotte und sein Heer
zur Friedenssicherung, – der Gute.
Wohin er reise auch und latsche,
er kennt nur eine Sehnsucht: Pace!

Er will der ganzen Menschheit wohl.
Nennt es nicht Prügel, wenn er streichelt!
Er sinnt nur, wie er Südtirol,
wo man noch immer österreichelt,
mit liebevollem Zahngefletsche
an den Diktatorbusen quetsche.

Möcht' Mussolinis Sympathie
den Ungarn die Kanonen laden,
so denke Jugoslawien nie,
dies könnte seinem Volke schaden.
Will er's doch nur im Freundschafts-Speeche
zu Boden treten, bis es quietsche.

Auch böse Leute zweifeln nur,
daß bald die afrikan'sche Küste
von italienischer Kultur
friedlich durchdrungen werden müßte.
Kultur! Kultur – faschisten-mod'sche
ins Nigger-Volk, ins sapperlotsche!

O setzt, so ruft Lord Rothermere,
ihr Völker, auf Benitos Karte!
Den Frieden bringt der Welt nur Er,
der pazifist'sche Bonaparte.
Versöhnt euch, Völker, mit Geknutsche:
Evviva! Pace! Bravo Duce!

Soweit Erich Mühsam *über* Italien.

Ich habe alles unternommen, um Spuren des „italienischen Daseins" Erich Mühsams in italienischen Druckerzeugnissen oder in anarchistischen Archiven zu finden bzw. Dokumente über Wirken von und Erich Mühsam, während er noch lebte, aber leider ohne Erfolg. Wir dürfen nicht vergessen, dass mit der Machtübername Mussolinis spätestens Ende 1924 die Anarchisten entweder im Exil oder eingekerkert waren und es faktisch keine italienische anarchistische Presse mehr gab.

2. Das Gedankengut Erich Mühsams in Italien

Wann zum ersten Mal nach dem 2.Weltkrieg etwas über Erich Mühsam auf Italienisch erschien, entzieht sich unserem Wissen. In Archiven und in der „rivista anarchica online" gibt es mittlerweile eine nicht vollständige Angabe seiner Werke auf Italienisch. Das „Anarchistische Lexikon" zitiert Erich Mühsam nur im Zusammenhang mit Zenzl und den Anarchisten in der Sowjetunion. Ein Grund ist, dass es kein zentrales anarchistisches Archiv gibt; die regionalen libertären und anarchistischen Gruppen wollen autonom bleiben, es gibt auch Eifersüchteleien, aber vor allem Scheu vor einer Konzentration oder Kontrolle. Sie wollen für sich bleiben, geben aber z.t. sehr schöne Zeitschriften heraus (z.B. „Germinal" für Triest und die drei Venezien). Nur mit Mühe kam die erste zentrale „Vetrina dell' Editoria Anarchica e Libertaria" (Anarchistische und Libertäre Buchmesse) 2005 zustande, und einige Gruppen waren nicht erschienen.

Anfang 2000 hatte ich den ersten Kontakt zu libertären und anarchistischen Gruppen. Einige sprachen mich auf Gustav Landauer an (wohl, weil in den 50ern „Revolution" auf Italienisch erschienen war). Aber sie fragten auch nach „Musham". Ich habe später gezielt einige Anarchisten befragt, seit wann sie Erich Mühsam kennen. Der künstlerische Koordinator des libertären Kollektivs von Florenz, Mitherausgeber der künstlerischen Zeitschrift APARTE, kennt den Namen „Musham" (so wird Erich Mühsam meistens noch zitiert) seit ca. 10 Jahren; ein etwas älterer aus dem Süden seit ca. 1990, ein anderer aus Neapel hatte zum ersten Mal als kleiner Junge von seinem Vater (Mitglied des dortigen anarchistischen Zirkels) um 1960 gehört, und zu Hause gab es schon: „Der Leidensweg des Erich Mühsam" von Zenzl Mühsam (erschienen 1959).

1980 erschien „Staatsraison", 1983 „Die Psychologie der Erbtante" und 1989 „Ascona – Monte Verità" (Letzteres in einem anarchistischen Verlag in Lugano). Seit den 90er Jahren sind an der Universität Trento die beiden Professoren Fambrini und Battafarano für vergleichende Literatur und Germanistik mit Veröffentlichungen sehr aktiv. 1999 kam die schöne Anthologie von Alessandro Fambrini und Nino Muzzi heraus: „Erich Mühsam: dal cabaret alle barricate – Erich Mühsam: vom Kabarett auf die Barrikaden". (Inwieweit sie sich an: David

Shepherd: From Bohemia to the Barricades, Sage Publ. 1993, anlehnten, entzieht sich meiner Kenntnis.)

In der kulturellen Zeitschrift „Helios Magazine" aus Reggio Calabria erschien (offenbar ebenfalls 1999) ein sehr kritischer Artikel der Redakteurin Elisa Cutulle: Erich Mühsam und die Frauen: Liebe – Hass eines Anarchisten im Zeitalter der freien Liebe (Übersetzung). Cutulle verweigert Mühsam die Definition Jungbluts als „Kämpfer gegen seine Zeit" außerhalb der politischen Konzeption, denn „seine Ideen den Frauen gegenüber und der Emanzipation seien vom Patriarchalismus geprägt gewesen".

2002 erschien dann: „Zensl Elfinger Mühsam – una libertaria in lotta contro i totalitarismi" von Rudolf Rocker.

Erst Anfang 2008 fand ich heraus, dass im Mai 2000 in Venedig der Kongress: „Anarchici e ebrei – Anarchisten und Juden", Titelbild Gustav Landauer, stattfand. (Der Name Gustav Landauer ist im Zweifel bekannter als der Erich Mühsams.) 2006 gab es den Beitrag an der Universität Parma während eines Kongresses: „Gustav Landauer: Revolution" und 2007 an der Universität Turin: „Landauers Anarchie und Judentum". Während des Kongresses 2000 in Venedig gab es ein Kabarett mit Mühsam-Texten.

Im September 2001 fand Arte & anarchia (Kunst und Anarchie) in Bologna statt, auf dem das Kabarett von Erich Mühsam vorgestellt wurde (vom Mitherausgeber Muzzi des Buches „Vom Kabarett auf die Barrikaden").

Bei meinen ersten Übersetzungen von Mühsam-Gedichten 2003 stieß ich in APARTE auf Übersetzungen der Erich Mühsam-Gedichte „Sacco und Vanzetti". Einige übersetzte Gedichte von mir wurden in den Band mit dem Erich-Mühsam-Titel: Sich fügen heißt lügen (Piegarsi vuol dire mentire) über den anarchistischen Widerstand in Deutschland 1933–45 eingebaut, erschienen 2005.

3. Ein Versuch, die Botschaft Erich Mühsams in Italien zu „verbreiten"

2006 lud ich Dr. Seltsam, alias Wolfgang Kröske, nach Florenz zu einem besonderen zwei-sprachigen Mühsam-Abend ein: „Mühsam, Sacco & Vanzetti". Ich wählte diesen Titel, um Erich Mühsam über Sacco und Vanzetti einem größeren Publikum nahezubringen. Es war soweit alles vorbereitet, als dann kurz vor dem Event (das Flugticket hatte ich schon gekauft) der Hauptveranstalter („alles zu links") und der italienische Rezitator der Gedichte (ihm passte plötzlich das Skript nicht) kalte Füße bekamen. Ich ließ jedoch nicht locker, hatte ich doch ein ordentliches Skript verfasst und den gesamten italienischen Text nebst Gedichten. Doch auch im 2007 sagte mir ein anderer potentieller Veranstalter: nein.

So sprach ich dann aufgrund des vorhandenen italienischen Textes mit dem anarchistischen Verlag „Zero in condotta" (Übersetzung: Betragen: sechs!) und fügte noch eine Reihe Übersetzungen hinzu. Mein Ziel war, nicht der schon vorhandenen Anthologie Konkurrenz zu machen, sondern Leben, Wirken und Gedichte Erich Mühsams einer „breiteren" italienischen Bevölkerungsschicht anzubieten. Anfang Juni 2007 erschien dann „Erich Mühsam – il poeta anarchico. Vita e poesie dell' anarchico Erich Mühsam", ein Bändchen von 60 Seiten mit Grafiken und Zeitdokumenten für 5 Euro. Ein Freund von mir, Grafiker und Maler seines Zeichens, trug eine sehr schöne Tuschzeichnung vom erhängten Erich Mühsam dazu bei.

Da ich wusste, dass im September wieder die „Vetrina dell' Editoria Anarchica e Libertaria" (Anarchistische und Libertäre Buchmesse) mit parallelem Kulturprogramm in Florenz stattfand, meldete ich mit dem „spettacolo teatrale": „Aus Staatsraison – Mühsam, Sacco & Vanzetti" an. Eine Schauspiellehrerin sah mein Skript kritisch durch (sie trug dann die Gedichte vor, während ich die Vita Erich Mühsams las), eine in der Toskana für ihr linkes und anarchistisches Liedgut bekannte Sängerin erklärte sich mit ihrem Gitarristen bereit, mitzumachen. Ich baute viele Zeitdokumente ein und einige Lieder, z.B. von Ernst Busch, und so führten wir das „Stück" am 8.9.2007 auf mit immerhin fast 100 Zuschauern. Die DVD habe ich mitgebracht.

Nach einem kurzen Überblick über die Bohemezeit Erich Mühsams baute ich insbesondere die Zeit der bayerischen Räterepublik und die im Kerker ein, die Gedichte zur Tragödie Sacco & Vanzettis sowie das letzte Bild aus „Staatsraison", den Leidensweg und Tod Erich Mühsams und die Zeit danach. Das imaginäre Telefongespräch Lenin – Erich Mühsam sorgte für eine gewisse Heiterkeit. Das „Stück" endete mit der Frage „Und Erich Mühsam heute?" und nicht zufällig mit dem Foto des G8 im Juli 2001 in Genua, „Carlo-Giuliani-Platz", und dem Lied „Genova".

Und wegen des schon erwähnten Fehlens eines zentralen Archivs der anarchistischen Literatur fand ich erst vor 2 Monaten als Beilage in APARTE vom August 2005 eine CD: „vocedidonnahal'anarchia – Frauen singen Anarchie" und darin den „Revoluzzer" auf Italienisch (in einer anderen Version als meine).
(CD: il rivoluzzaio)

Auch die Buch- (oder Büchlein-)vorstellung während der Buchmesse war ein schöner Erfolg. Es berichteten mehrere anarchistische Zeitungen und Zeitschriften darüber (Umanità Nuova – anarchistische Wochenzeitung, gegründet 1920! – Seme anarchico, A – rivista anarchica – Monatszeitschrift). Mein Bericht „La vita è ... mühsam" (Das Leben ist ... mühsam) in APARTE ist offenbar noch in Druck. „Sicilia libertaria" verriss meine Übersetzung der Gedichte, davon eines im Reim; aber ich denke, auch negative Propaganda ist Propaganda.

"Per ragion di stato"

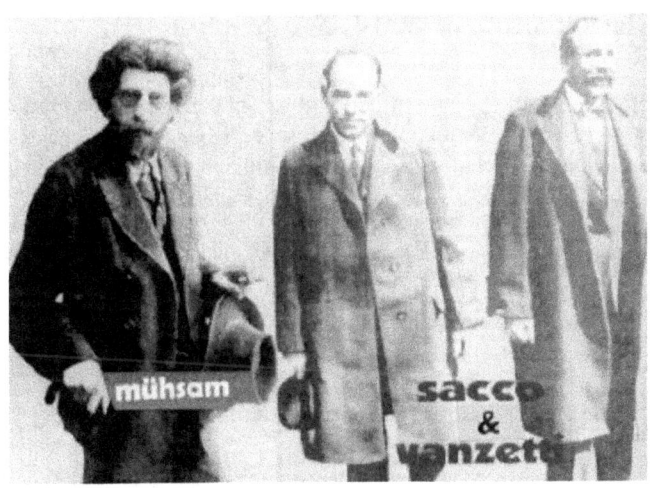

3° VETRINA DELL'EDITORIA ANARCHICA E LIBERTARIA

Saschall Firenze

Recitano:
Patrizia Creati
Leonhard Schäfer

Canta:
Angela Batoni

**8 settembre 2007
ore 18.000**

Im Februar 2008 fanden eine weitere Buchvorstellung und Aufführung vor etwa 40 jungen, sehr interessierten und informierten Anarchisten in einem (instandbesetzten) autonomen Zentrum in Rom statt. Im Sommer ist eine weitere Aufführung in Mailand geplant. Erich wandert also wieder mal durch Italien ... und wo würde er überall mitmachen?

Gabriel Kuhn

Zur englischsprachigen Rezeption Erich Mühsams und dem Anarchismus in den USA

Mein Beitrag beschäftigt sich mit der englischsprachigen Rezeption Erich Mühsams bzw. mit meinen Bemühungen, englischen Übersetzungen Erich Mühsams eine Öffentlichkeit zu schaffen. Der Beitrag gliedert sich in vier Teile: 1. Abriss der englischsprachigen Rezeptionsgeschichte Erich Mühsams. 2. Zusammenfassung meiner Versuche, englische Übersetzungen Erich Mühsams zu veröffentlichen. 3. Skizze eines derzeit geplanten englischen Erich-Mühsam-Bandes bei PM Press, einem jungen kalifornischen Verlag. 4. Überblick über die gegenwärtige anarchistische Bewegung in den USA mit einer Verortung von Erich Mühsams Werk.

1. Zur englischsprachigen Rezeptionsgeschichte Erich Mühsams

Die englischsprachige Rezeptionsgeschichte Erich Mühsams lässt sich schnell zusammenfassen. Es gibt zwei Bücher, die sich Erich Mühsam widmen: Lawrence Baron veröffentlicht 1976 *The Eclectic Anarchism of Erich Mühsam*, eine Dissertation, die einen breiten Überblick über Mühsams Leben und Werk bietet. 1993 veröffentlicht David A. Shepherd *From Bohemia to the Barricades: Erich Mühsam and the Development of a Revolutionary Drama*, eine detaillierte Studie des politischen Dramatikers Mühsam. Beide Bücher sind ambitioniert und in ihren jeweiligen Absichten gelungen, bleiben jedoch ohne entscheidenden Einfluss.

Um vieles bedeutender für die Wahrnehmung Mühsams im englischsprachigen Raum sind zwei kürzere Texte: Im August 1965 widmet sich die Nummer 54 der britischen Zeitschrift *Anarchy* (damals herausgegeben von Colin Ward) der Bayrischen Räterepublik. Das Gedenken Gustav Landauers nimmt den größten Raum ein, doch finden sich auch einige Seiten zu Erich Mühsam. Aufgrund der relativen Popularität von *Anarchy* rückten diese Seiten Mühsam wieder ins Bewusstsein einer englischsprachigen anarchistischen Öffentlichkeit. (Kurze Artikel zu Mühsams Rolle in der Bayrischen Räterepublik fanden sich bereits in zeitgenössischen Kommentaren, etwa in der langlebigen Londoner Zeitschrift *Freedom*.) Diese Wirkung hält dank der historischen Bedeutung, die *Anarchy* auch von gegenwärtigen AnarchistInnen zugeschrieben wird, an.

Im Jahr 1999 erscheint beim legendären Beat-Generation-Verlag City Lights in San Francisco der Sammelband *Revolutionary Romanticism*. Neben Texten über und von William Blake oder William Morris beinhaltet der Band einen kurzen

Text zu Erich Mühsam sowie die Übersetzung des Mühsam-Aufsatzes „Der Künstler im ‚Zukunftsstaat'" („The Artist in the Future State"), erstveröffentlicht 1906 in der Wiener Zeitschrift *Die Fackel*. Diese Übersetzung ist die einzig nennenswerte Veröffentlichung eines Primärtexts Mühsams im Englischen. Viele heutige englischsprachige AnarchistInnen verweisen auf *Revolutionary Romanticism* als die Quelle, die sie erstmals auf Erich Mühsam aufmerksam gemacht hat.

Wenn wir bedenken, dass eine Zeitschriftennummer zur Bayrischen Räterepublik und ein Sammelband zu „revolutionärer Romantik" die Grundlage für das Verständnis von Mühsam in der englischsprachigen Welt formen, überrascht es nicht, wenn das dortige Bild Mühsams vor allem von dessen künstlerisch-literarischen Aktivitäten und Charakteristika geprägt ist. Dies zu einem Grad, der ihm selbst kaum recht wäre. So fällt Mühsams Name immer wieder in Zusammenhang mit der angeblichen Bayrischen „Coffee House Republic" („Kaffeehausrepublik"), ein populäres Attribut für die Bayrische Räterepublik, das von Mühsam selbst immer entschieden zurückgewiesen worden ist.

2. Pläne für aktuelle Übersetzungen Erich Mühsams ins Englische

Nicht zuletzt um den einseitigen Blick auf Mühsams Leben und Schaffen zu korrigieren, bemühe ich mich seit mittlerweile mehreren Jahren um die Veröffentlichung weiterer Übersetzungen Erich Mühsams ins Englische. Gekommen bin ich dazu über einen Umweg. Wie so oft in Zusammenhang mit Erich Mühsam spielt dabei Gustav Landauer eine entscheidende Rolle.

2002 wurde ich von Bekannten in San Francisco kontaktiert, die an einem kleinen Band mit Übersetzungen Gustav Landauers arbeiteten. Der designierte Übersetzer hatte Schwierigkeiten mit einigen komplizierten Landauer-Passagen und ich wurde herangezogen, um bei der Fertigstellung der Übersetzungen zu helfen. 2004 erschien dann der Band „Gustav Landauer: Anarchism in Germany and other essays". Das Büchlein enthielt fünf Landauer-Aufsätze; die ersten englischen Übersetzungen Landauers seit den 1970er Jahren. Als Verlag fungierte das neu gegründete Barbary Coast Publishing Collective.

Das nächste von Barbary Coast geplante Projekt war eine Übersetzung von Erich Mühsams *Von Eisner bis Leviné*. Ich wurde um die Übersetzungsarbeit gebeten und nahm die Aufgabe gerne an. Jürgen-Wolfgang Goette von der Erich-Mühsam-Gesellschaft organisierte die Sendung eines Exemplars des Buches nach Südafrika, wo ich mich damals aufhielt. Ende 2005 war die Übersetzung abgeschlossen. Leider stellte sich zu diesem Zeitpunkt heraus, dass Barbary Coast finanziell nicht in der Lage war, das Projekt durchzuführen. Ich begann demnach, mich nach anderen Publikationsmöglichkeiten umzusehen.

Die Reaktionen der in Großbritannien und den USA kontaktierten Verlage waren einhellig: Es handle sich bei *Von Eisner bis Leviné* um ein historisch immens wichtiges Dokument, doch sei eine Publikation kommerziell nicht tragbar. Es war schließlich der Londoner Verlag *Freedom* (auch Herausgeber der gleichnamigen Zeitschrift), der sich des Projekts trotzdem annahm und eine Publikation zusicherte. Die Arbeit seitens des Verlags verzögerte sich jedoch enorm, und bei einem Treffen Ende 2007 wurde mir ein Konzept für die Herausgabe vorgelegt, das den Fokus von Mühsam auf die Bayrische Räterepublik verlagern wollte und *Von Eisner bis Leviné* mit Kapiteln aus Ernst Tollers *Eine Jugend in Deutschland* zu verbinden gedachte. Da mir dieses Konzept aus verschiedenen Gründen nicht zusagte und mein Vertrauen in *Freedom* aufgrund der langen Wartezeit bereits angeschlagen war, lehnte ich diesen Vorschlag ab und zog mich aus der Zusammenarbeit zurück. Nicht zuletzt deshalb, weil sich zu diesem Zeitpunkt bereits eine neue, attraktive Möglichkeit aufgetan hatte.

3. PM Press und Erich Mühsam

2007 verkündete Ramsey Kanaan, Gründer des größten und erfolgreichsten englischsprachigen anarchistischen Vertriebs und Verlags, *AK Press,* dass er ein neues Publikationsprojekt gründen würde, um bestimmte Ideen zu realisieren, die sich innerhalb von *AK Press* – aus verschiedenen Gründen – nicht realisieren ließen. Zu diesen Ideen zählt die Herausgabe einer Reihe von historischen Werken, nicht zuletzt zur deutschen anarchistischen Geschichte. Aus Gesprächen mit Kanaan ergab sich bald die Aussicht auf drei Bände, die sich anarchistischem Denken und anarchistischen Tätigkeiten in Deutschland Anfang des 20. Jahrhunderts widmen würden: ein Band mit bisher nicht im Englischen erschienenen Texten Gustav Landauers; ein Band mit Texten Erich Mühsams; und ein Sammelband zum deutschen Revolutionsjahr 1918/19.

Der Landauer-Band ist bereits in Arbeit und soll 2009 erscheinen. Die folgenden Bände jeweils ein Jahr später. Mühsam-Texte werden nicht nur in dem ihm gewidmeten Band vertreten sein, sondern auch in den beiden anderen: „Der revolutionäre Mensch Gustav Landauer" wird als Teil der Einleitung für den Landauer-Band übersetzt, und *Von Eisner bis Leviné* ist für den Band zum Revolutionsjahr 1918/19 geplant. Der Mühsam-Band selbst soll eine Reihe kürzerer Texte vereinen, um ein möglichst breites Spektrum der vielfältigen Publikationstätigkeiten Mühsams einzufangen.

Wenn diese Bände wie geplant erscheinen, wird es also im Jahr 2010 zu der ersten umfangreichen Veröffentlichung von Texten Mühsams im Englischen kommen. Der historische Wert dieser Übersetzungen ist klar. Ihre Bedeutung geht meines Erachtens jedoch über diesen historischen Wert hinaus. Mühsams Texten mag tatsächlich ein anregender Einfluss auf die gegenwärtigen anarchistischen

Debatten in den USA zukommen. Um dies näher zu erklären, folgt eine kurze Skizze der gegenwärtigen anarchistischen Landschaft der USA.

4. Zeitgenössischer Anarchismus in den USA und Erich Mühsam

Der Anarchismus in den USA – tragender Teil revolutionärer Politik des Landes zwischen 1870 und 1919 – erlebte in den letzten knapp zehn Jahren eine oft als solche bezeichnete „Renaissance". Als Ausgangspunkt dieser werden oft die erfolgreichen Massenproteste gegen das Treffen der Welthandelsorganisation in Seattle 1999 bezeichnet, an denen AnarchistInnen wesentlich beteiligt waren. Seither hat sich eine bunte und vielfältige anarchistische Bewegung entwickelt, die von der *Village Voice* im Jahr 2002 als der „neue Pol" subversiver Politik in den USA ausgemacht wurde.[1]

Eine grobe Skizze der Bewegung erlaubt eine generelle Einteilung entlang der klassischen Kategorien eines stärker individualistisch bzw. eines stärker sozial orientierten Anarchismus.[2] Auf die individualanarchistische Seite würden vor allem folgende Gruppierungen/Strömungen fallen:

- CrimethInc., eine jugendlich-subkulturell orientierte Bewegung, die fordert, als AnarchistInnen „die Männer mit den Bärten zu vergessen". In ihren politischen Aktionsformen stützt CrimethInc. sich vielfach auf künstlerische Interventionen und Konsumkritik, weswegen sie oft auch mit Attributen wie „neo-situationistisch" versehen wird.
- Der so genannte Anarcho-Primitivismus (oder Grüne Anarchismus), der sich im Wesentlichen um den Autor John Zerzan rankt und Technologie- sowie Zivilisationskritik ins Zentrum antiautoritärer und anti-staatlicher Politik rückt.
- Die so genannte „post-linke Anarchie", in der die traditionelle Linke als Feind der anarchistischen Bewegung erkannt wird, von dem es sich für eine erfolgreiche zukünftige anarchistische Politik ein für alle Mal zu distanzieren gilt.
- Reminiszenzen an den traditionellen Individualanarchismus in den USA (Josiah Warren, Benjamin Tucker, u.a.), die in Publikationen wie *The Match!* Ausdruck finden, der ältesten gegenwärtigen anarchistischen Zeitschrift der USA.
- Das Umfeld der Zeitschrift *Fifth Estate* – auch wenn dieses oft als „hippie-anarchistisches" bezeichnete Blatt im letzten Jahrzehnt viel an Einfluss auf die anarchistische Bewegung verloren hat.

---

1 Esther Kaplan, „Keepers of the Flame", in: *Village Voice*, 29. Januar 2002.
2 Für eine weit ausführlichere Darstellung des zeitgenössischen Anarchismus in den USA siehe den vom Autor herausgegebenen Band ›*Neuer Anarchismus*‹ *in den USA. Seattle und die Folgen* (Münster: Unrast 2008).

Zu den wichtigsten RepräsentantInnen der sozialanarchistischen Tradition zählen:

- Die aus dem Umfeld Murray Bookchins hervorgegangenen Einrichtungen des Institute für Social Ecology und des Institute for Anarchist Studies bzw. die damit affiliierte Renewing the Anarchist Tradition Conference.
- Die Northeastern Federation of Anarcho-Communists (NEFAC), eine im Nordosten der USA und in den kanadischen Provinzen Québec und Ontario organisierte anarchokommunistische Föderation.
- Der Anarchosyndikalismus, der in Noam Chomsky einen prominenten Fürsprecher hat, und dessen Debatten vor allem vom *Anarcho-Syndicalist Review* weitergetrieben werden. Das Wiederaufleben der Industrial Workers of the World (IWW) mag hier auch erwähnt sein, obgleich das Verhältnis der IWW zum Anarchismus seit jeher ambivalent ist.
- Michael Albert und sein Konzept einer „partizipatorischen Ökonomie" („participatory economics" oder kurz „Parecon"), das heute stark in sozialanarchistischen Kreisen rezipiert wird.
- *AK Press,* der größte anarchistische Vertrieb/Verlag in den USA, der sich mit vielen seiner Publikationen um einen geschichtsbewussten Sozialanarchismus bemüht.

Die Debatten zwischen den verschiedenen Lagern werden oft hart geführt, und die Brüche sind in den letzten Jahren sehr tief geworden. Oft genug sprechen sich AnarchistInnen mancher Strömungen gegenseitig das Anarchistisch-Sein ab. Während stärker individualistisch orientierten AnarchistInnen vorgeworfen wird, die sozialen Dimensionen und gesellschaftlichen Visionen des Anarchismus aufzugeben und sich auf persönliche Befreiung zu konzentrieren, wird SozialanarchistInnen vorgehalten, an veralteten und ineffizienten Politikformen festzuhalten, die zwangsläufig in autoritär-hierarchische und quasi-totalitäre Kollektivformen münden.

Viele der gegenwärtigen Konflikte greifen nach wie vor Themen auf, die in den 90er Jahren in Polemiken wie Murray Bookchins *Social Anarchism or Lifestyle Anarchism: An Unbridgeable Chasm* (1995) oder Bob Blacks *Anarchy After Leftism* (1997) formuliert wurden. Es gibt wenige AnarchistInnen, die sich den durch diese Debatten hart gezogenen Grenzen zwischen „individualistischen", „post-linken", „existenziellen" bzw. „sozialen", „linken", „organisatorischen" AnarchistInnen entziehen können. Genau hier setzen die inhaltlichen Hoffnungen an, die sich mit der Herausgabe eines englischen Erich-Mühsam-Bands verbinden.

Mühsam ist dafür bekannt, sich allen derartigen Einteilungen seit jeher entzogen zu haben. Während Mühsam stets die Bedeutung individueller Befreiungsmomente betonte, dem „unorganisierten" Lumpenproletariat bzw. dem „fünften

Stand" revolutionäres Potential zuschrieb, sich in der Boheme verortete und einen großen Teil seines Schaffens künstlerischen Ausdrucksformen widmete, distanzierte er sich nie von kommunistischen Idealen oder der Notwendigkeit politischer Organisation.

Natürlich waren die Grenzen zwischen Individualanarchismus und Sozialanarchismus nie klar gezogen, und es gab immer eine Reihe von Individuen und Gruppierungen, die sich über sie hinwegsetzten, doch gibt es wenige, die sie so klar aufhoben und zur Irrelevanz verurteilen wie Erich Mühsam. Als historisches Beispiel für einen Anarchismus, der sich nicht auf sektiererische Grabenkämpfe reduzieren lässt, sondern den Anarchismus als komplexes Feld verschiedener politischer Schwerpunkte und Strategien erlebt, könnte ein Zugang zu den Werken Mühsams in den USA somit viele Bilder und Stereotype unterminieren, die wesentlich zu den gegenwärtigen Konflikten und Streitigkeiten beitragen und die Bewegung entscheidend schwächen.

Dass Mühsams Beispiel ein historisches ist, sollte darüber hinaus die vereinfachten Darstellungen eines „klassischen" Anarchismus berichtigen, die in den vielfach ahistorisch geprägten anarchistischen Kreisen der gegenwärtigen USA kursieren und selbst in Strömungen mit differenziertem intellektuellen Anspruch, wie dem so genannten „Postanarchismus" (kurz, einer Verbindung des Anarchismus mit postmodernen/poststrukturalistischen Ideen) vertreten werden. Diesem „klassischen" Anarchismus wird vorgeworfen, in einem essentialistischen Menschenbild gefangen zu sein und die politische Landschaft auf Produktionsverhältnisse und Regierungsinstitutionen zu reduzieren bzw. die Vielfältigkeit von Herrschaft zu übersehen und kulturpolitische Dimensionen nicht wahrzunehmen. Mühsam zeigt, dass der „klassische" Anarchismus nie so einfach gestrickt war.

Mühsams Rolle als integrative Figur der anarchistischen Bewegung – sowohl inhaltlich als auch historisch – kann demnach im Kontext der gegenwärtigen anarchistischen Bewegung der USA eine besondere Bedeutung erlangen. Mühsam kann dabei helfen, die oft tiefgehenden Konflikte innerhalb der Bewegung zu kitten und zu gegenseitigem Verständnis und gegenseitiger Solidarität beizutragen; damit würde ein bedeutender Beitrag dafür geleistet, eine intern (mit)verursachte neuerliche Schwächung des Anarchismus in den USA zu verhindern. Ob sich diese Hoffnungen einlösen lassen, wird die geplante Herausgabe des Mühsam-Bandes bei *PM Press* im Jahr 2010 zeigen. In jedem Fall sind sie besonderer Ansporn, die Arbeit an diesem Band zu einem erfolgreichen Abschluss zu führen.

Bernd G. Bauske

Anarchie des Alltags
Bemerkungen zum Werk des französischen Krimiautors Jean/John Amila/Meckert

Bilanz und Perspektive des historischen Anarchismus

Die wirkliche Voraussetzung [des Anarchismus] ist: *Freiheit und Solidarität*, ein untrennbares Ganzes diese beiden, in einer dem Wesen eines Jeden entspringenden und entsprechenden Dosierung, etwas, das der Mensch und sein Milieu für sich bestimmen sollen und nicht der Staat oder sonstige andere für ihn.

Freiheit allein > Tyrannei, Monopol

Solidarität allein > entartet zur Staatsknechtschaft, zum Staatssozialismus, einerlei wie man es nennt.

Beides in richtigem Grade vereint ist die normale Grundlage jedes wertvollen Wirkens und bildet in idealer Vollendung das anarch[istische] Ideal und Ziel [...].

Der Liberalismus, die Solidarität nicht berücksichtigend, verläuft, versandet im Egoismus, Bourgeoisismus und ist ebenso wenig eine Wurzel des Anarch[ismus] wie ein sich an eine Vormundschaft und Obrigkeit klammernder Sozialismus.

So Max Nettlau an Max Beer, in einem Brief vom 9. Juli 1929.[1] Oder, wie es Erich Mühsam konziser formulierte: „Die Freiheit aller aber und damit die Freiheit eines jeden setzt voraus die Gemeinschaft im Sozialismus."[2] Man könnte das Nettlauzitat – und so wird dies auch vom Herausgeber und Verfasser der Einleitung der Neuausgabe des *Vorfrühling der Anarchie*, Heiner Becker, gesehen – als Fazit – und Faustregel – einer (fast) lebenslangen Beschäftigung mit Anarchismus und anarchistischen „Strömungen" bezeichnen: Individualismus braucht in jedem Falle ein Korrektiv, ein Gegengewicht, um nicht in Tyrannei auszuarten.

---

1 Zitiert nach Heiner Becker: „Einleitung", S. VII (sowie dortige Fußnote 1), zu Max Nettlau: *Geschichte der Anarchie*. Band 1: *Der Vorfrühling der Anarchie. Ihre historische Entwicklung von den Anfängen bis zum Jahre 1864*, herausgegeben von Heiner Becker, [Münster]: Bibliothèque Thélème, 1993 – ISBN: 3-930819-03-1 (3-930819-01-5 [Gesamtwerk]). Es handelt sich um einen Neudruck der Ausgabe Berlin: „Der Syndikalist" – Fritz Kater, 1924 (Beiträge zur Geschichte des Sozialismus, Syndikalismus, Anarchismus; 1) [dort in der Titelei nur Bandtitel, nicht Serientitel].
2 Erich Mühsam: *Die Befreiung der Gesellschaft vom Staat. Was ist kommunistischer Anarchismus*, Berlin: Rixdorfer Verlagsanstalt, 1984, S. 10.
Auch in einem *Bismarxismus* betitelten Beitrag aus dem Jahre 1927 sagt Mühsam eindeutig, dass ein Kampf für spirituelle Werte – „das Ziel des Anarchismus" – auf der Basis sozialer Gleichheit überhaupt erst Sinn macht („Bismarxismo", in Erich Mühsam: *Dal cabaret alle barricate*, herausgegeben von Alessandro Fambrini und Nino Muzzi, [Mailand]: Elèuthera, 1999, S. 100).

Stellenwert der Bilanz des historischen Anarchismus

Dieses Fazit könnte ich als auch für heute gültig stehen lassen, da populäre zeitgenössische – deutschsprachige – Einführungen in den Anarchismus wie die von Degen/Knoblauch aus der theorie.org-Reihe des Stuttgarter Schmetterling-Verlags[3] oder die im Berliner Karin-Kramer-Verlag unter dem Titel *Was ist eigentlich Anarchie?*[4] bisher in vier Auflagen erschienene Darstellung – wenn man vom Spanischen Bürgerkrieg absieht – kaum über den Zeitpunkt der Abfassung dieser Zeilen hinausgehen. Dies geht aus dem jeweiligen Inhaltsverzeichnis ganz klar hervor.[5]

Für Frankreich ist es aus deutsch(sprachig)er Sicht unerlässlich, noch auf zwei weitere Strömungen das Anarchismus einzugehen: den Anarchosyndikalismus und den Terrorismus. Insbesondere der Anarchosyndikalismus hatte in Frankreich immer eine starke Präsenz und damit dort im „klassischen Erbe" ein ungleich stärkeres Gewicht, als man aus heutiger – zumal deutscher – Sicht erwarten würde. Sowohl von Degen/Knoblauch[6] als auch von *Was ist eigentlich Anarchie?*[7] wird er allerdings gebührend berücksichtigt. Nicht ausgeklammert werden darf hier freilich auch der Terrorismus – die sogenannte Propaganda der/durch die Tat. Er ist sowohl aus Außen- als auch aus Binnensicht unbedingt zum „klassischen Anarchismus" zu rechnen, hatte er doch – nicht nur, aber auch und insbesondere – in Frankreich eine große Wirkung, die heute noch im populär geprägten und vermittelten Gedächtnis präsent ist.[8]

---

3 Hans Jürgen Degen; Jochen Knobloch: *Anarchismus. Eine Einführung*, Stuttgart: Schmetterling Verlag, 2006 (theorie.org [ohne Zählung]) – ISBN: 3-89657-585-6.
4 [Ohne Verfasserangabe]: *Was ist eigentlich Anarchie? Einführung in Theorie und Geschichte des Anarchismus*, Berlin: Karin Kramer, 4. Auflage, 2003 – ISBN: 3-87956-700-X.
5 Degen/Knoblauch widmen mit *Neo-Anarchismus oder Neuer Anarchismus?* (S. 173–176) der Zeit nach dem Zweiten Weltkrieg zwar noch ein eigenes Kapitel; dieses umfasst jedoch nur etwas über drei Seiten und betont dessen Marginalität und Stagnieren, das durch die – historisierende – Rezeption im Rahmen der Studentenbewegung nur noch festgeschrieben worden sei.
6 Hans-Jürgen Degen; Jochen Knobloch: *Anarchismus. Eine Einführung*, Stuttgart: Schmetterling Verlag, 2006 (theorie.org [ohne Zählung]) – ISBN: 3-89657-585-6, S. 99–106.
7 [Ohne Verfasserangabe]: *Was ist eigentlich Anarchie? Einführung in Theorie und Geschichte des Anarchismus*, Berlin: Karin Kramer, 4. Auflage, 2003 – ISBN: 3-87956-700-X, S. 131–135.
8 Siehe dazu neben vielen anderen das auf den Fortsetzungsabdrucken in einer großen Pariser Tageszeitung beruhende Taschenbuch aus dem Jahre 1970, das in der populären Reihe *Le crime ne paie pas* der Verlage Minerva/J'ai lu (Genf/Paris) aus der Feder von Paul Gordeaux mit Abbildungen von Chancel *La bande à Bonnot – anarchistes partisans de la récupération individuelle et brutale des richesses* – (fast) im Stile eines Fotoromans darstellt.
Darstellungen zu der Bonnot-Gang gibt es nicht wenige; die letzte mir bekannt gewordene ist bezeichnenderweise in einem der großen französischen Verlage mit einem bezeichnenden Titel für die andauernde populäre Rezeption erschienen: Renaud Thomazo: *„Mort aux bourgeois": sur les traces de la bande à Bonnot*, [Paris]: Larousse, 2007 – ISBN: 978-2-03-583346-4.
Allerdings sollte man den „anarchistischen Charakter" dieser Aktionen doch nicht ganz losgelöst von der Zeit sehen – und damit überbewerten. Auch der damals unbekannte Bolschewik aus dem Kaukasus Josef Dschugaschwili expropriierte den in Banken gelagerten Reichtum anderer brutal, wenn auch nicht ganz individualistisch, da er ihn zur Finanzierung seiner Partei nutzen wollte. Die-

Wichtig für mich ist hier, dass der von mir vorgestellte Autor, Jean Amila, für den größten Teil seiner Kriminalromane, die bis zu Beginn der 70er Jahre des vorigen Jahrhunderts erschienen, vor dem Hintergrund dieses idealen Fazits schrieb. Das Erscheinungsjahr aller von uns bisher übersetzten Bücher dieses Autors, auf die ich mich für diesen Beitrag stütze, liegt deutlich vor den Siebzigerjahren des letzten Jahrhunderts.

Zu Jean Amila

Jean Amila begann, wie damals üblich, mit anglisiertem Vornamen als John Amila 1950 Krimis zu veröffentlich. Er wurde als Jean Meckert am 24.11.1910 in Paris geboren, wo er auch im Jahre 1995 starb.

Stark ins Gedächtnis gebracht wird er in letzter Zeit durch den auch hierzulande bekannten Krimiautor Didier Daeninckx, der ihm mit seinen Romanen *Nazis in der Metro*[9] und *12, Rue Meckert*[10] – welche letztere es natürlich (noch) nicht gibt – gleich zweimal ein literarisches Denkmal gesetzt hat.[11] Im Gegensatz zu

---

se Vorgehen sind heute keineswegs datiert, da weltweit – und selbstverständlich auch in Europa, von den diversen Mafias bis zu den diversen IRAs – beide Antriebe zur Geltung kamen und kommen.

Dschugaschwili ist allerdings in unserem Kontext deswegen interessanter als viele andere, da er gleichzeitig zu seinen Aktivitäten in verschiedenen georgischen Zeitungen sein erstes größeres theoretisches Werk mit dem Titel „Anarchismus oder Sozialismus" veröffentlichte, das später auf dem Höhepunkt seiner Macht als Josef Stalin im führenden Konversationslexikon seines Herrschaftsgebiets über vier Seiten als grundlegend für diese Frage dargestellt werden sollte (das vorhergehende Stichwort „Anarchismus" umfasste sechs, das übernächste [nach einem „Anarchie der Produktion"!], „Anarchosyndikalismus", knapp anderthalb; in *Bolschaja Ssowjetskaja Enziklopedija*, 2. Ausgabe, Moskau: Gossudarstwennoje nautschnoje isdatelstwo „Bolschaja Sowjetskaja Enziklopedija", 1950, Band 2 (Akty – Arietta), S. 362–366).

Insgesamt dürfte es äußerst interessant sein, Inhalte (und Kontexte) des Stichworts *Anarchismus* in den Konversationslexika Europas (mindestens) der letzten hundert Jahre zu untersuchen.

9 Didier Daeninckx: *Nazis in der Metro*, übersetzt von Ronald Voullié, Berlin: Transit, 1996 – 3-88747-111-3. Originalausgabe: Didier Daeninckx: Nazis dans le métro, [Paris]: Editions Baleine, [1995] (Le poulpe) – ISBN: 2-8421-9006-8.
In der Zwischenzeit recyclet in der 10-Francs-Billigreihe *librio: librio[noir] 222*, gedruckt 1998 *en Europe à Pössneck (Thuringe, Allemagne)* – ISBN: 2-277-30222-8 (ISSN: 1255-0337).
Jetzt als *Nazis dans le métro: une enquête de Gabriel Lecouvreur dit le poulpe*, [Paris]: Gallimard, [ab] 2006 (folio polcier; 446) – ISBN: 978-2-07-034172-6. Amila wird dort unter dem Namen André Sloga (*anarchiste, pacifiste, ex*-résistant) evoziert.

10 Didier Daeninckx: *12, rue Meckert*, [Paris]: Gallimard, 2001 (Série noire; 2621) – ISBN: 2-07-042088-4. Jetzt: [Paris]: Gallimard, [ab] 2003 (folio policier; 299) – ISBN: 2-07-042910-5.
Dieser Titel evoziert natürlich auch *120, rue de la Gare* von Léo Malet, dessen ersten in Frankreich spielenden Krimi aus dem Jahre 1943 (!).

11 Daeninckx äußert sich zu Amila in Didier Daeninckx: *Écrire en contre. Entretiens avec Robert Deleuse, Christiane Cadet, Philippe Videlier suivis de* L'Ecriture des abattoirs, Vénissieux: Paroles d'Aube, 1997 – ISBN: 2-909096-70-X, S. 37–40.
Siehe auch die Übersetzung von „L'abécédaire d'Amila", in dem Daeninckx Jean Amila in Stichworten vorstellt und die der Conte-Verlag in Kürze als Broschur veröffentlichen wird.

Frankreich, wo einige seiner Krimis im Druck gehalten werden,[12] war er bis zu unserer Initiative in Deutschland wenig bekannt, da schon lange nicht mehr verlegt,[13] obwohl er in einer durch die französischen Kulturinstitute (in Deutschland) verbreiteten Publikation des französischen Außenministeriums zu Recht auf gleicher Augenhöhe mit den ganz Großen des französischsprachigen Krimis vorgestellt wird.[14]

Amila hatte 1942 mit einem unter anderen von Raymond Quenau, André Gide und Roger Martin du Gard hervorragend besprochenen Roman – *Les coups*[15] – zu veröffentlichen begonnen; weitere „weiße" Romane folgten, anfangs noch parallel zu seinen Krimis.[16]

Zum Krimischreiben war er durch direkte Aufforderung des Herausgebers der Série Noire, Marcel Duhamel, gekommen: Dieser hatte sein Talent, gesprochenes Französisch literarisch gut in den sogenannten *style parlé* umsetzen zu können, erkannt. Durch Beherrschung dieses – literarischen – Registers konnte er im und für den Krimi an die Tradition des *roman populiste* anknüpfen,[17] der dokumentarisch, sich jeder Wertung enthaltend, das Leben der sogenannten Kleinen Leute beschreiben wollte.[18]

---

12 In einer der jetzt am weitesten verbreiteten Taschenbuchkrimireihen, *folio policier*, nach Einstellen der weltberühmten und mythenumwobenen Série Noire (dazu – neben vielen anderen: Julien Dupré: „La Série Morte Était Noire [sic; für alle]", in *Les Polarophiles Tranquilles. Bulletin de liaison 9 <Janvier 2007>*).

13 Siehe unter anderem auch zu den deutschsprachigen Ausgaben: *French Connection. Sonderreihe 1: JEAN AMILA, ausgestellt <August 2007>*, herausgegeben von Bernd G. Bauske, Berlin, Germersheim, Graben-Neudorf: Freunde und Freundinnen des französischen Kriminalromans am Fachbereich Angewandte Sprach- und Literaturwissenschaften [!] (FASK) der Universität Mainz in Germersheim – ISSN: 1610-5036.

14 *Le polar français*, herausgegeben von Ministère des Affaires étrangères, Direction générale des Relations culturelles, scientifiques et techniques, Sous-direction de la Politique du livre et des bibliothèques, Paris: Ministère des Affaires étrangères – adpf, 1995 – ISBN: 2-911127-19-6; die Auflage betrug 12 000 Exemplare.
Darin „Quelques auteurs dans l'Azimut", S. 67–138, hier S. 87/88; und „Pour une bibliothèque de base", S. 139–147, hier S. 142; folgende Titel unseres Autors müsste nach Maßgabe dieser Publikation eine virtuelle Erste Bibliothek Französischsprachiger Krimis enthalten (dass wir dies – insbesondere was *Mitleid mit den Ratten* angeht – etwas anders sehen, zeigt unsere Übersetzungspraxis [für *Le boucher des Hurlus* ist allerdings auch die Problematik einer adäquaten Übersetzung im nichtexperimentellen Bereich anzuführen]): 1953 *Motus*, 1956 *Sans attendre Godot*, 1964 *La lune d'Omaha*, 1964 *Noces de soufre*, 1983 *Le boucher des Hurlus*, 1986 *Au balcon d'Hiroshima*, alle bei Gallimard in der Série Noire erschienen.

15 Jetzt als Taschenbuch einfach zugänglich: Jean Meckert: *Les coups*, Paris: Gallimard, [ab] 2002 (folio; 3668) – ISBN: 2-07-042168-6.

16 Von diesen erscheinen seit 2005 teilweise Neuausgaben; selbst unveröffentlicht gebliebene Manuskripte erscheinen erstmals in der Reihe *arcanes* bei Losfeld in Paris.

17 Zu Amila und seinen Beziehungen zum *roman populiste* siehe Julian Löffler: *Zur Übersetzung der Kriminalromane von Jean Amila: roman populaire, roman populiste?*, Germersheim: [Beilage zu] *French Connection VI*, 2006 (Kajersitos de la traduction; 2); für den hier angesprochenen Themenbereich insbesondere S. 17/18.

18 Und der in der Praxis noch unbefriedigend vom *roman prolétarien* Poulaillescher Observanz und von dem von der FKP propagierten sozialistisch-realistischen Roman abgrenzbar ist (dazu zum Bei-

Theoretisches Fundament des *roman populiste* war ein von André Thérive und Léon Lemonnier 1929 verfasstes Manifest, *Populisme*. Sein Hauptvertreter ist der mit seinem Werk schon vor dem Zweiten Weltkrieg zweimal ins Deutsche übersetzte Eugène Dabit.[19]

Amila steht mit unverwechselbarer Stimme meilenweit über der Dutzendware zeitgenössischer französischschreibender Krimiautoren à la *Rififi chez X*, und dies nicht nur inhaltlich, sondern auch sprachlich. Sein Französisch ist nicht durch Argot exotisierend künstlich aufgemotzt, sondern in *style parlé* umgesetztes Sprechfranzösisch der Milieus der sogenannten Kleinen Leute, die er in den meisten seiner Bücher auch in Szene setzt.[20]

Die Geschichte des *style parlé* in der französischsprachigen Literatur kann parallel zum amerikanischenglischen tough-guy writing der Hardboild-Krimis à la Dashiel Hammett und Raymond Chandler gestellt werden, das im englischsprachigen Raum – insbesondere in England – das Lesen (nicht nur) von Kriminalromanen revolutionierte. Geschrieben wurde – nein, nicht so wie im wirklichen Leben, aber doch – so, wie es dem Leben einfacher – ganz normaler – Leute entsprach. Rhetorische Mätzchen – nicht jedoch literarische Kunstgriffe – waren ausgeschlossen, (das Material der) Sprache selbst lag der Wirkung/dem Stil zu Grunde. Der Kriminalroman war (und ist) da in der französischsprachigen Welt der „weißen Literatur"[21] – genauso wie früher in den Vereinigten Staaten – was sprachliche Authentizität und Realitätsgehalt angeht, weit voraus.[22]

---

spiel: Anne Roche: „Louis Guilloux, entre roman populiste et prolétarien", in *Autour d'Henry Poulaille et de la littérature prolétarienne*, herausgegeben von André Not und Jérôme Radwan, Aix-en-Provence: Publications de l'Université de Provence, 2003 (Textuelles littérature [ohne Zählung]) – ISBN: 2-85399-541-0, S. 142–152.
Dass Michel Ragon allerdings die französische Schule des Kriminalromans in die Tradition des Poulailleschen *roman prolétarien* stellte [nach Philippe Geneste: „Henri Poulaille et l'authenticité", S. 153–168 im obigen Sammelband, hierfür insbesondere S. 161/162], muss zunächst gar nichts heißen, zumal er dies offensichtlich an dem doch nicht schulemachenden Didier Daeninckx festmachte.

19 Mit *Hôtel du Nord*, seinem Hauptwerk, und *Der Kleine* <Petit Louis>, beide von Bernhard Jolles übersetzt und beide bei Kaden in Dresden verlegt.
In den dreißiger Jahren entstand auf der Grundlage des Romans ein in Frankreich bekannter und auch heute noch ab und zu gezeigter Film – insbesondere im Rahmen der Paris-Nostalgie und der „Aufwertung" bisher eher vernachlässigter Stadtviertel.
Das *Hôtel du Nord* steht noch an seinem alten Platz, nicht weit vom Ostbahnhof, am Fußgängersteig über den Canal Saint Martin. Die Gegend um seinen Kanal verwandelt sich, wie alle Industriestandorte in traditionellen East Ends, in In-Meilen und Spaß- und Freizeitviertel; es selbst ist diesen Weg schon gegangen.

20 „I use the oldest words in the English language when I write. People think I'm an ignoramus who doesn't know the ten-dollar words. I know the ten-dollar words, but there are older, better words" meinte Ernest Hemingway zu diesem Problem. Zitiert in Ken Worpole: „The American Connection. The Masculin Style in Popular Fiction", in Ken Worpole: *Dockers & Detectives*, London: Verso, 1983 – ISBN: 086091-779-7, S. 29–48; hier S. 39 (dort zitiert nach *A Hemingway Selection*, herausgegeben von Dennis Pepper, London, 1977, S. 195).

21 Die „weiße Literatur" ist die Belletristik ohne jedes Qualifikativ, die „Schöne Literatur". Sowohl die Bezeichnung *littérature noire* für Krimis (die Ableitung *Noir* für <eine besondere Art von Kri-

Auf Deutsch liegen von Jean Amila inzwischen vor: *Mond über Omaha* (La lune d'Omaha) – im Original 1964 erschienen –, *Mitleid mit den Ratten* (Pitié pour les rats) – im Original ebenfalls 1964 erschienen – und *Bis nichts mehr geht* (Jusqu'à plus soif) – im Original 1958 erschienen; die erste Übersetzung verlegte der Saarbrücker Conte-Verlag im Jahre 2006, dann im Jahresrhythmus.[23] Die Originale erschienen in der weltweit berühmtesten Krimireihe, der *Série Noire*, bei Gallimard in Paris.[24] Im Moment übersetzen wir *Motus*, das im Original erstmals 1953 erschien und das noch in diesem Jahr ebenfalls im Conte-Verlag erscheinen wird.[25]

Neben der Darstellung rabenschwarzer Welten, in denen Killerkommandos außerhalb jeglicher Kontrolle ihre eigenen Gesetze machen – dieser Aspekt soll hier nicht in den Mittelpunkt gestellt werden –, schildert Amila in immer wieder großartiger Weise das Eindringen von privat oder öffentlich organisierter Gewalt in das Leben einfacher Leute. Diese leben keineswegs gegen den Staat (oder die Gesellschaft), sondern „ganz einfach" neben ihm her, ja an ihm vorbei. Letzterer Themenkomplex interessiert uns hier und ihm gehören auch alle drei Romane – sowie auch *Motus* – an, die wir bisher übersetzt haben.

Anarchisten – anarchistischer Krimi

Polars – so das französische Wort für *Krimi* –, die von anarchistischen Autoren geschrieben werden, könnten als anarchistische Krimis bezeichnet werden.

---

mi> ist sekundär) als auch *littérature blanche* ist von der Umschlaggestaltung des Pariser Verlags Gallimard für jeweilige Reihen abgeleitet. Der Ausdruck „weiße Literatur" ist also nicht einfach Gegenüberstellung zu „schwarze Literatur" (sicher der zuerst verallgemeinerte Begriff), sondern hat seine Basis in der realen Farbgestaltung; so wie der Ausdruck *littérature noire* ursprünglich eben keineswegs als inhaltlicher Kommentar zu verstehen war, sondern sich ganz einfach von der Umschlaggestaltung der entsprechenden Krimireihe ableitete.

22 Dazu Ken Worpole: „The American Connection. The Masculin Style in Popular Fiction", in Ken Worpole: *Dockers & Detectives*, London: Verso, 1983 – ISBN: 086091-779-7, S. 29–48.
„*Masculinity*" als Konzept muss hier sowohl für den englischsprachigen Kontext, als auch – insbesondere – für die Übertragung auf den französischsprachigen Kontext problematisiert werden (was Worpole teilweise tut).

23 *Mond über Omaha* 2005 (ISBN: 3-936950-33-4); *Mitleid mit den Ratten* 2006 (ISBN: 3-936950-43-4) und *Bis nichts mehr geht* 2007 (ISBN: 978-3-936950-53-3).

24 *Noir* wurde in bedeutungsverengender Entlehnung sowohl ins Deutsche als auch ins Englische übernommen; nämlich: *Noir*, eine besondere Art von Krimi und – insbesondere im Englischen auch ganz stark – Film. (Parallel dazu wurde *le krimi* für *<le polar allemand>* ins Französische übernommen, ist dort jedoch – auch wegen der radikal geringeren Übersetzungsdichte – nur einem Fachpublikum bekannt.)

25 Zur Frankfurter Buchmesse; mit dem deutschen Titel *Pst!* und der ISBN: 978-3-936950-79-3. Bisher war nur ein Krimi von Amila ins Deutsche übersetzt gewesen: *Die Ausgestoßenen. Kriminalroman*, übersetzt von Georg Kahn-Ackermann, München; Wien; Basel: Desch, 1970 (Die Mitternachtsbücher; 481); der französische Titel lautet *Les loups dans la bergerie* und war erstmals 1959 erschienen.

Akzeptierten wir diese Definition, hätten wir keine Probleme, unsere Krimis als *anarchistische Krimis* zu identifizieren, trägt doch unser Autor den Anarchismus in seinem literarischen Pseudonym: Amila wird von *ami l'anar* – *anar* ist die sprechsprachlich verkürzte Form von *anarchiste* –, abgeleitet. Jean Amila stünde so für Jean der Anarchist.

Polars, in denen Anarchisten agieren oder auch nur vorkommen, könnten als anarchistische Krimis bezeichnet werden.

Akzeptierten wir diese Definition, hätten wir zwar ziemlich große, aber keineswegs ganz unüberwindbare Probleme, unserem Autor *anarchistische Krimis* zuzuschreiben: In einem zumindest, dem hier vorzustellenden *Mitleid mit den Ratten*, bezeichnet sich einer der Protagonisten – allerdings auch hier nur an einer Stelle – als Anarchisten.[26] Das ist nach meinem jetzigen Kenntnisstand der einzige Fall in Amilas Werk, dass explizit von Anarchie gesprochen wird oder sich jemand dazu bekennt.

Beide Fälle argumentieren allerdings nur an der Oberfläche, da sie von Eigenzuordnung ausgehen,[27] anstatt nach Anarchistischem in den jeweiligen fiktionalen Texten zu fragen.[28] Um dieser Frage anders beikommen zu können, gilt es, nochmals die Frage zu stellen, was eigentlich anarchistisch ist.

Was ist eigentlich anarchistisch?

– *Anarchistisch* ist nun einerseits also ...

Wir hatten oben das Resümee des historischen Anarchismus nach Meinung und in den Worten von Mühsam und Nettlau vorgestellt; Errico Malatesta, auf den sich Nettlau als – auch von ihm – verkannten Vorgänger ebenfalls beruft, kam zu demselben Fazit der notwendigen sozialen Verankerung des Anarchismus.[29]

---

26 Jean Amila: *Mitleid mit den Ratten*. Übersetzung aus dem französischen Originaltext von Helm S. Germer, Saarbrücken: Conte, 2006 (Conte-Amila; 2), S. 167:
„... Den alten Julien überzeugen wir nicht, indem wir ihn durch den Fleischwolf drehen. Ich kenne ihn. Er hat immer allein gearbeitet und schätzt es nicht, wenn man Entscheidungen für ihn trifft. Im Grunde bist du ein kleiner Anarcho. Stimmts, Julien?" „Nicht nur ein kleiner!", sagte Lenfant.
27 Akzeptiert man allerdings die erste Voraussetzung dafür, einen Krimi *anarchistisch* zu nennen, so sollte man nur diese Romane als solche anerkennen, die vom Autor auch „als Anarchist", „in anarchistischer Absicht" geschrieben wurden, parallel zum (unter anderem) in Frankreich – auch – wirkungsmächtigen *Katholischen Roman*, unter welche Kategorie nur „bewusst katholisch" geschriebene Romane sinnvollerweise subsumiert werden, alle anderen von katholischen Autoren geschriebene dagegen nicht; diese werden zu Recht einfach nur der nicht weiter qualifizierten Literatur zugerechnet. Und: Wären für den zweiten Fall alle anderen Romane Amilas etwa keine „anarchistischen Krimis"?
28 Aus diesem Grunde behandle ich hier den auch in Deutschland ausgiebig übersetzten Léo Malet nicht, da von ihm explizit – programmatisch (?) – von anarchistischen Positionen gesprochen wird.
29 So Nettlau in einem Brief an Rudolf Rocker vom 7.–[9.] Dezember 1930; zitiert in Heiner Becker: „Einleitung", S. XI (sowie dortige Fußnote 20), zu Max Nettlau: *Geschichte der Anarchie. Band 3: Anarchisten und Sozialrevolutionäre. Die historische Entwicklung des Anarchismus in den Jahren 1880–1886*, herausgegeben von Heiner Becker, [Münster]: Bibliothèque Thélème, 1996 – ISBN:

Mit Arno Maierbrugger[30] haben wir also die Möglichkeit, für den klassischen Anarchismus ganz verkürzt und schematisierend der Definition Zoccolis zu folgen und Proudhon die ökonomische, Bakunin die politische, Kropotkin die soziologische und Stirner die metaphysische Kritik zuzuordnen.

Stirner wird im Buch von Degen/Knoblauch[31] ebenfalls dem Individualanarchismus, der ohne größere Wirkung geblieben sei,[32] zugerechnet.

In Hinsicht auf die „fehlende Wirkung" des Individualanarchismus ist allerdings doch auf Ret Marut hinzuweisen, der unter dem Pseudonym B. Traven zumindest im Deutschland der Weimarer Republik zu einem äußerst erfolgreichen Autor wurde.[33]

Zum „Individualanarchisten Stirner" jedoch ist im Anschluss insbesondere an Laska[34] zu sagen, dass Stirner sich selber nicht als Anarchist bezeichnet hätte. Dort wird auch der Einfluss des in dessen Nachfolge stehenden Mackay auf den „Übervater" des Individualanarchismus, den Amerikaner Tucker, negiert, da letzterer dieses Konzept schon vor seiner Begegnung mit dem aus der europäischen – deutschen – anarchistischen Tradition kommenden Mackay entwickelt gehabt habe.

– *[Anarchistisch] ... kann jedoch andererseits auch etwas ganz anderes sein!*

Hier müssen zwei Denkrichtungen des Anarchismus eingeführt werden, die in den hier exemplarisch genannten Einführungen – ebenso wie in anderen Überblicksdarstellungen von anarchistischer Seite hierzulande – nicht, beziehungsweise kaum, vorkommen: Die rechten Anarchisten in Frankreich und der aus den USA stammende – im europäischen Politikschema ebenfalls als rechts er-

---

3-930819-07-4 (3-930819-01-5 [Gesamtwerk]). Es handelt sich um einen Neudruck der Ausgabe Berlin: Asy-Verlag, [1931] (Beiträge zur Geschichte des Sozialismus, Syndikalismus, Anarchismus; 5) [dort in der Titelei nur Bandtitel, nicht Serientitel].

30 Arno Maierbrugger: „*Fesseln brechen nicht von selbst". Die Presse der Anarchisten 1890–1933 anhand ausgewählter Beispiele,* Grafenau-Döffingen: Trotzdem-Verlag, 1991 – ISBN: 3-922209-78-5. Für diesen und den direkt folgenden Kontext S. 36, sowie die dortige Anmerkung 60.

31 Hans Jürgen Degen; Jochen Knobloch: *Anarchismus. Eine Einführung,* Stuttgart: Schmetterling Verlag, 2006 (theorie.org [ohne Zählung]) – ISBN: 3-89657-585-6, S. 37.

32 Abweichende Meinung in [Ohne Verfasserangabe]: *Was ist eigentlich Anarchie? Einführung in Theorie und Geschichte des Anarchismus,* Berlin: Karin Kramer, 4. Auflage, 2003 – ISBN: 3-87956-700-X, S. 79; dort wird die Entstehung der Marxschen Theorie organisch mit den Positionen Stirners verbunden.

33 Glaubt man den Beständen der Deutschen Nationalbibliothek, wurde Traven im Ausland wenig übersetzt. Nach den frühen Forschungen von Rolf Recknagel – der kaum zufällig auch zu Oskar Maria Graf und Jack London publizierte –, die teilweise in beiden deutschen Staaten erschienen, und der großen Biographie von Karl S. Guthke, die auch in Mexiko – nach mehreren Überarbeitungen weiter revidiert – erschien, erfolgt seit Mitte der 90er Jahre eine Explosion akademischer Rezeption. Sollte die Sprengkraft des Autors erschöpft sein?

34 Bernd A. Laska: „Anarchismus, Individualistischer" in *Lexikon der Anarchie = Encyclopedia of Anarchy,* herausgegeben von Hans-Jürgen Degen, Bösdorf: Schwarzer Nachtschatten, [1993–1998], Loseblattsammlung, [daher selbständig paginiert], S. 2/3 und 4.

fahrene – Anarchokapitalismus. Beide sind in die radikal individualistische Strömung des Anarchismus einzuordnen.

Der Anarchokapitalismus stellt aus Sicht der europäischen (anarchistischen) Tradition ein totales Aus-dem-Ruder-Laufen der anarchistischen Tradition dar, das so nur im politischen Koordinatensystem der USA möglich ist.[35] Die Anarchorechte kann dagegen – entgegen dem ersten Augenschein – einfacher im anarchistischen Mainstream verankert werden.

Den Anarchokapitalismus möchte ich aus zwei Gründen einbringen. Zum einen stellt er eigentlich „nur" die wirkungsmächtigste Variante der am stärksten radikalisierten Form des – zumindest in den USA mit großem Abstand dominierenden[36] – Individualanarchismus dar, der wiederum auf die angelsächsische Liberalismustradition zurückgeht, welche für den Anarchismus in der USA eine der wichtigsten Quellen darstellt.[37]

Zum anderen aber wurde letzterer gerade in Frankreich für europäische Verhältnisse außerordentlich früh, nämlich schon vor dem Zweiten Weltkrieg, durch die Zeitschrift *L'en-dehors* von Emile Armand (eigentlich Ernest-Lucien Juin), die zwischen 1922 und 1939 erschien, rezipiert und propagiert[38] und war damit unserem Autor potentiell[39] zugänglich. Auch das oft angeführte Argument, diese Traditionslinie stehe eigentlich außerhalb des Anarchismus oder sei doch zumindest nicht bewegungstypisch oder bewegungsintern, wird durch die Aufnahme eines eigenen Stichworts und den Tenor des Textes im Lexikon der Anar-

---

35 Da er wohl nur dort sich so radikal von sozialistischen und sozialen Ideen emanzipieren konnte.
36 So Gabriel Kuhn in seinen Ausführungen auf dieser Jahrestagung, der natürlich nichts mit dem Kontext zu tun hat, in dem ich diese benutze.
Allerdings könnte als Beweis der Wirkungsmacht des Anarchokapitalismus – unabhängig davon, wie sie sich später entwickelte – auch die amerikanische Schriftstellerin Ayn Rand angeführt werden, die in Hochzeiten der Alternativbewegungen im Jahre 1971 ein Buch mit dem Titel *The New Left: The Anti-Industrial Revolution* – in ablehnender Absicht – in New York in der Reihe Signet Books der New American Library veröffentlichte, das heute in überarbeiteter Form noch als *Return of the Primitve: The Anti-Industrial Revolution* im Handel ist (die mir vorliegende Ausgabe in der Überarbeitung von Peter Schwartz erschien 1999 bei Meridian in New York [ISBN: 0-452-01184-1]). Die Wirkungsmacht dieser Schriftstellerin ist mit der von Karl May in früheren Zeiten in Deutschland auf Jugendliche zu vergleichen, allerdings mit intensiverer Wirkung – auch für einflussreiche Mitglieder der sogenannten Eliten – auch im späteren Leben (zu Ayn Rand siehe Jeff Walker: *The Ayn Rand Cult*, Peru, Illinois: Open Court, 1999 – ISBN: 0-8126-9390-6; im Übrigen ist diese Autorin in deutschen Bibliotheken geradezu überrepräsentiert).
37 Bernd A. Laska: „Anarchismus, Individualistischer" in *Lexikon der Anarchie = Encyclopedia of Anarchy*, herausgegeben von Hans-Jürgen Degen, Bösdorf: Schwarzer Nachtschatten, [1993–1998], Loseblattsammlung, [daher selbständig paginiert], S. 1, wo Thomas Jefferson zitiert wird: *„Die beste Regierung ist die, die am wenigsten regiert."*
38 Ebenda, S. 5. (Laut den Angaben von Laska legte Armand – damit in einem der zentralen Diskursfelder der 20er und 30er Jahre stehend – den Akzent insbesondere auf die sexuelle Befreiung.)
39 *potentiell* soll in diesem Argumentationszusammenhang immer auch heißen, dass solche Ideen in der Luft lagen, also auch unterschwellig im geistigen Klima des Orts und der Zeit präsent waren.

chie von Degen⁴⁰ für den individuellen Anarchismus, in dessen Rahmen auch der Anarchokapitalismus behandelt wird, meines Erachtens nicht gerade gestützt.⁴¹

Die Rechtsanarchisten möchte ich ebenfalls aus zwei Gründen vorstellen. Die meisten Autoren, die in dem für das Folgende zugrunde gelegten *Que sais-je?*-Bändchen⁴² des Verlags *Presses universitaires de France*⁴³ als ihnen zugehörig aufgeführt werden, waren einerseits für Jean Amila, der seine literarische Aktivitäten ja in den früher 40er Jahren startete und – für unseren Argumentationskontext – die ganzen 50er und 60er Jahre umfasste, zweifellos – anders als der oben angeführte Individualanarchismus – sehr real präsent. Der augenscheinlich heterogene Charakter der in genannter Veröffentlichung dieser Strömung zugerechneten Autoren, von denen einige immerhin weltberühmt – und damit auch in Deutschland bekannt – sind,⁴⁴ unterstreicht die ideologische Absicht der Vorstellung dieser als Gruppe.

Insbesondere aber zeigt ein Blick auf die Inhaltsangabe des uns vorliegenden Bändchens, dass der ideologischen Absicht *die* zentrale Wasserscheide der Neueren Französischen Geschichte zugrunde liegt, und diese somit mit beiden Beinen in der Wirklichkeit steht. Wir finden dort als Kapitelüberschriften neben anderen: *L'aristocratisme, Un moi au-dessus de tout* [Ein Ich, das über Allem steht] und gleich an erster Stelle – insbesondere – *Le refus* [Ablehnung] *de la*

---

40 In *Lexikon der Anarchie = Encyclopedia of Anarchy*, herausgegeben von Hans-Jürgen Degen, Loseblattsammlung, Bösdorf: Schwarzer Nachtschatten, [1993–1998].

41 Interessanterweise versieht der Verlag *Les Belles lettres* in Paris, der die Buchreihe *Laissez-faire* zum Anarchokapitalismus herausgibt, diese mit einem schlichten Umschlag, dessen unteres sattrote Dreiviertel mit dem Titel, dessen oberes schwarze Viertel mit den Autorennamen versehen sind; das Ganze umrahmt von einem espacierten roten *Laissez* im oberen Viertel und einem schwarzen *faire* im unteren Teil, die so den Reihentitel konstituieren. Auch die Titelgebung der Übersetzung des mir vorliegenden Bandes von David Friedman aus dieser Reihe deutet auf diese Veränderung des Blickwinkels hin zum „klassischen" europäischen Anarchismus: Aus *The Machinery of Freedom: Guide to a Radical Capitalism* der New Yorker Ausgabe wird in Paris ein Buch mit dem Titel *Vers une société sans état.*

42 Die *Que sais-je?*-Reihe ist eine der großen popularisierenden Reihen des französischen Verlagswesens, die den wissenschaftlichen Stand aller nur denkbaren Disziplinen – auch – für ein Oberstufen- und Universitätspublikum aufbereitet (in Intention und Aufmachung etwa vergleichbar der Reihe C.H.Beck Wissen in der Beck'schen Reihe, nur viel älter und damit auch mit viel mehr Titeln). Es handelt sich also für die französische wissenschaftliche Verlagslandschaft weder um eine marginale, noch um eine „beliebige" Veröffentlichung.

43 François Richard: *Les anarchistes de droite*, 2., verbesserte Auflage, Paris: Presses universitaires de France, 1997 (Que-sais-je?; 2580) – ISBN: 2130435602. Die erste Auflage war 1991 erschienen. Laut Literaturverzeichnis war diesem Bändchen im Jahre 1988 eine – von mir nicht eingesehene – Veröffentlichung mit dem Titel *L'Anarchisme de droite dans la littérature contemporaine* vom selben Autor in demselben Verlag in der Reihe *Littératures modernes* vorausgegangen.

44 Es handelt sich im Einzelnen um (in der Reihenfolge, in der sie in der dort angefügten Bibliographie aufgelistet sind): Gobineau [Vorname/n wird/werden nicht spezifiziert], Barbey d'Aurevilly, Léon Bloy, Drumont, Darien, Léautaud, Bernanos, Céline, Léon Daudet, Lucien Rebatet, Jean Anouilh, Jacques Laurant, Jacques Perret, Roger Nimier, Louis Pauwels, M.-G. Micberth, Marcel Aymé, Pol Vandromme.

démocratie, mit den – ebenso bezeichnenden – Unterüberschriften *Le refus des principes démocratiques, L'opposition politique* (gegenüber der Demokratie) und *Rejet* [Zurückweisen] *de l'universalisme démocratique*. Dieses Schibboleth für die Mentalitäten in der Neueren Französischen Geschichte ist die Französische Revolution, die eben die Neuzeit nach dem Ancien Regime einläutet: An der Zustimmung zu ihr schieden sich die Geister im wahrsten Sinne des Wortes radikal in eine demokratische und eine antidemokratische Richtung; wobei die antidemokratische Richtung sie ablehnen würde. Aus diesem Blickwinkel und in dieser Logik muss der Anarchismus als antidemokratische Bewegung erscheinen. Dies ist in der Tat in der führenden französischsprachigen Enzyklopädie, der *Encyclopaedia Universalis* in ihrer Ausgabe von 1985, der Fall: Unter den *Conceptions politiques* des Anarchismus werden dort beim Stichwort *Anarchisme* neben *Le contrat anarchiste, Le fédéralisme* und *L'abstentionnisme* auch *L'antidémocratisme* genannt, der so kommentiert wird:

> Le fédéralisme anarchiste, c'est-à-dire la recherche perpétuellement renouvelée d'un équilibre entre des groupements distincts, implique le rejet absolu de toute forme de gouvernement à tendance synthétique et unitariste. D'où une hostilité déclarée à l'égard de la démocratie issue des principes de la Révolution française [...].[45]

Der Gegenentwurf des Anarchismus zu den Prinzipien der französischen Revolution wird auch beim Stichwort *Anarchismus* der *Enzyklopädie Philosophie und Wissenschaftstheorie* des Stuttgarter Metzler-Verlags[46] betont:

> [...] antiautoritäre politische Strömung [...]. Der Anarchismus ist als programmatischer Gegenentwurf zu den modernen, seit der Französischen Revolution sich in Europa allgemein durchsetzenden, gesellschaftlichen und staatlichen Organisationsformen konzipiert. [...] Begriffsgeschichtlich lässt sich vor allem in Deutschland im Reflex auf die Französische Revolution (J. Görres, G. Forster, J. G. Fichte, Novalis) ein Bedeutungs- und Bewertungswandel hin zu einer positiven kontrafaktischen Qualifizierung eines herrschaftsfreien Zustands feststellen.[47]

---

45 Der Föderalismus der Anarchisten, also die immer wieder von neuem ansetzende Suche eines Gleichgewichts zwischen verschiedenen Gruppierungen, hat zur Folge, dass jede Art von zentralisiernder Regierung, die einheitliche Positionen durchsetzen will, abgelehnt wird. Daraus erklärt sich die offene Feindschaft [der Anarchisten] gegen die Demokratie, wie sie aus den Prinzipien der Französischen Revolution entstanden ist. ...

46 *Enzyklopädie Philosophie und Wissenschaftstheorie*, 2., neubearbeitete und wesentlich ergänzte Ausgabe, Band 1: A–B, herausgegeben von Jürgen Mittelstraß, Stuttgart: Metzler, 2005 – ISBN: 3-476-02108-4; 978-3-476-02108-3, unter dem Stichwort.

47 Letztere Aussage könnte man einerseits zu dem von Jochen Schmück (Jochen Schmück: „Anarchie, Anarchist und Anarchismus" in *Lexikon der Anarchie = Encyclopedia of Anarchy*, herausgegeben von Hans-Jürgen Degen, Bösdorf: Schwarzer Nachtschatten, [1993–1998]; hier S. 4/5 des Beitrags [in Eigenpaginierung, da Loseblattsammlung]) festgestellten, der Französischen Revolution parallel verlaufenden Bedeutungswandel bei Goethe stellen, andererseits jedoch auch zu der Feststellung einer nichtrevolutionären Situation in Deutschland, da dort viele ihrer Ergebnisse in

Fazit zum Anarchismus

Die Feststellung des „antidemokratischen" – besser müsste es aus der Gegenwartsperspektive wohl *ademokratisch* heißen, da die Rechte eben auch ein Produkt der Französischen Revolution ist – Charakters des Anarchismus, bezogen auf die Prinzipien der Französischen Revolution, soll also die Anarchisten als heterodox[48] in Bezug auf den neuen Mehrheitsdiskurs einordnen. Zugespitzt müsste man dann fast sagen, dass bei der Polarisierung in Frankreich zwischen Anhängern der parlamentarisch-demokratischen Regierungsform und deren Gegner die Anarchisten draußen stünden und dass alle spätere Zuordnung zum links-rechts-Schema dem „ursprünglichen" Anarchismus fremd sein müssten.

Rechter, aber auch linker, Anarchismus wäre demnach eine spätere „Verwässerung" des Anarchismus, die eigentlich keinen Sinn machen dürfte und durch die er sich in dem ihm eigentlich fremden parlamentarisch-demokratischen System positionieren würde. Es hätte also keinen Sinn, von einem nach dem Parteienschema verorteten Anarchismus zu sprechen, da dieser diesem System fremd wäre.

Zurück zu Amila

Obwohl die Protagonisten von Amilas Krimis ohne soziale (Ein-)Bindung individuell-anarchistisch orientiert sind und somit eigentlich für eine wie auch immer geartete Spielart des entfesselten Individualismus, den neben Nettlau und Mühsam auch Malatesta als zwangsläufig zur Tyrannei führend bezeichnet hatte,[49] geradezu prädestiniert scheinen, sind sie für diese nicht nur <u>nicht</u> anfällig, sondern wehren sich gegen sie, bekämpfen sie und/oder werden sogar deren Opfer.

Ja, sie stehen oft geradezu für eine Welt, die durch diese untergeht oder direkt vernichtet wird. Exemplarisch dafür steht die Tatsache, dass die Protagonisten der Romane *Mitleid mit den Ratten* und *Motus* auf einer „abgeschiedenen", in sich selbst ruhenden Welt auf einer Insel wohnen, in die von außerhalb Elemente

---

Frankreich schon erfüllt gewesen seien (was immerhin auch eine von Verlagsort und Verlagszeit für diesen Argumentationszusammenhang so „unverdächtige" Veröffentlichung wie Erhard Hirsch: *Dessau-Wörlitz. Aufklärung und Frühklassik*, 2. Auflage, Leipzig: Koehler & Amelang, 1987 [die 1. Auflage war 1985 erschienen] auf S. 9 *expressis verbis* vertritt: „In der Tat hat der Dessauer Reformweg und sein Nimbus nicht unwesentlich dazu beigetragen, das Überschlagen des revolutionären Funkens aus Frankreich zu verhindern ...".
Ähnliche Aussagen gibt es in der Literatur zum Beispiel auch zum vornapoleonischen Württemberg.

48 *Heterodox* hier im Sinne des <vom Mainstream abweichend>, wie es exemplarisch von Marcelino Menendez y Pelayo verwandt wird in Marcelino Menendez y Pelayo: *Historia de los heterodoxos españoles*, Santander: Aldus, 1946–1948 (Obras completas; 35–42).

49 Siehe Stefano Arcangeli: *Errico Malatesta e il comunismo anarchico italiano*, Mailand: Jaca Book, 1972 (Le transizioni socialiste e libertarie; 9), S. 157–171 (Kapitel XII: „Individualismo"), sowie die Zitate von Nettlau und Mühsam oben.

eindringen, die deren Untergang herbeiführen. Dem Dorf als soziale Insel außerhalb des Staates gelingt in *Bis nichts mehr geht* zwar ein Erfolg, aber nur deshalb, weil es sich neu und unter Einbeziehen anderer Elemente positioniert.

Obwohl die Protagonisten der Krimis unseres Autors oft un-sozial handeln, handeln sie nie anti-sozial; ihr Wertesystem kümmert sich zwar nicht um staatliche Vorschriften, ist aber einer höheren – (?) anderen! – Werteordnung verpflichtet. Durch dieses und in diesem Wertesystem leben sie den Anarchismus des Alltags. Dieser ist nicht antistaatlich, sondern vorstaatlich, ein letzter Ausläufer des klassischen Anarchismus, der seine Wurzeln und sein Entstehen im Handwerkermilieu hatte.[50]

Ganz stark ist bei ihnen insbesondere das Arbeitsethos und die Wertschätzung gut gemachter Arbeit verankert. Dies ist parallel zu stellen zu dem Film *Le fils* [Der Sohn] der Gebrüder Dardenne aus Belgien oder – ebenso radikal – dem 2005 gedrehten *Daratt – saison sèche* (Daratt – Trockenzeit) von Mahamat-Salleh Haroun aus dem Tschad. In beiden Filmen sind nahe Verwandte ermordet worden, und der – richtige oder vermeintliche – Rächer betrachtet seine Rache als erledigt, als er den Täter in längeren Arbeitssituationen als menschlich schätzenswert erlebt.

Dieses Arbeits-/Handwerkerethos wird in *Mitleid mit den Ratten* auf eine für den „Durchschnittsbürger" groteske Weise an einem für ihn ebenso grotesken Ort – während eines Einbruchs – von einem der positiven Helden, Julien Lenfant („das Kind"), der von Amila ernst genommen wird und dessen Haltung auf einen Punkt bringt, zelebriert: Ein handwerklich gut gemachter Einbruch ist Erfüllung, ohne im Einzelnen auf den materiellen Gewinn zu sehen; Freude an seltenen Stücken wiegt die Mühe bei weitem auf, mit fremdem Eigentum ist sorgfältig umzugehen, jeder Schaden, jede Beschädigung strikt zu vermeiden. Sein Möchtegern-Eleve hingegen, ein Killer, will mit allen Mitteln – koste es was es wolle im wahrsten Sinne – schnell zu Geld kommen. Beruflich hat er die Haltung, dass Verluste nicht zählen, wenn man nur zum Ziel kommt, auch für Menschenleben, verinnerlicht. Julien hält dies für keine Basis für eine Zusammenarbeit.[51]

---

50 Eine der Quellen des Anarchismus aus bestimmten Zweigen und örtlichen Bedingungen des Handwerks wird unter anderem für die Juraföderation deutlich herausgestellt in Peter Lösche: „Anarchismus – Versuch einer Definition und historischen Typologie" In *Politische Vierteljahresschrift. Zeitschrift der Deutschen Vereinigung für Politische Wissenschaft 15<1>.1974*, S. 58–60.

51 Jean Amila: *Mitleid mit den Ratten*. Übersetzung aus dem französischen Originaltext von Helm S. Germer, Saarbrücken: Conte, 2006 (Conte-Amila; 2)
S. 87: „... Das lohnt sich doch überhaupt nicht! Jetzt mal ganz realistisch, Julien, was bringt uns die Nacht kohlemäßig ein?" – „Wenn du so rechnest, hast du verloren", sagte Julien. „Ich sags dir ja, Michel, du hast keinen Spaß an der Sache." – „Mir stinkt nur die mickrige Ausbeute ..." –
S. 92: „Wenn dir das, was wir machen, keinen Spaß macht, darfst du dich auf keinen Fall dazu zwingen ... Entweder ist man dafür begabt, oder nicht, so ist das eben."

Obwohl Atmosphäre und Handlungskontexte in den Büchern politisch stark aufgeladen und zugespitzt sind, agieren fast alle positiven Protagonisten unpolitisch. [Allerdings wird diese fehlende politische Verankerung wegen der allgemeinen politischen Ladung der Handlungssituation wohl oft übersehen, zumal im zeitlichen Abstand viele der politischen Kontexte – im überdies räumlich entfernten Deutschland – unbekannt sein dürften.]

In *Mitleid mit den Ratten* stolpert die Familie Lenfant im Rahmen ihrer handwerklichen Einbruchstätigkeit durch ein Missgeschick mitten in die Welt des in Verbindung mit dem Algerienkrieg in Frankreich aktiven OAS-Terrorismus. Sie wollen rein gar nichts damit zu tun haben und bringen dies auch deutlich zum Ausdruck.

In *Motus*, das noch dieses Jahr in deutscher Übersetzung erscheinen wird, definiert schon der Titel, nämlich *Psst!*, deutlich, welches Klima vor dem Hintergrund des französischen Indochinakriegs und der harten politisierten Streikauseinandersetzungen auf dem Höhepunkt des Kalten Kriegs herrscht. Der zentrale Protagonist weist die Unterstellung, seine Streiktätigkeit sei politisch und nicht aus der menschlichen Solidarität mit seinen Kollegen heraus motiviert, entschieden zurück (allerdings bei Befragung durch staatliche Organe); in diesem Rahmen wird an sein militärisches Pflichtgefühl – auch im jetzigen, zivilen Leben – appelliert.

In *Mond über Omaha* desertiert der Protagonist bei der ersten Landungswelle der Alliierten am Stand von Omaha Beach in der Normandie aus Versehen, da er seine Einheit nicht wiederfindet. Bei seiner Rückkehr an Omaha Beach nach zwanzig Jahren erfährt er, dass auf den dortigen Kriegsgräbern neben seinen gefallenen Kameraden auch Unmengen von Kuhkadavern liegen.

In *Bis nichts mehr geht* steht eine bäuerliche Tradition, ein „Gewohnheitsrecht", wie Schwarzbrennen im Mittelpunkt. Die Apotheose des Romans ist ein durch Ableitung „überschüssigen" Calvados' alkoholisierter Ententeich samt BewohnerInnen als Hintergrund der Liebe des Oberschwarzbrenners und der militant abstinenten Grundschullehrerin, die zudem noch mit dem Obersteuerfahnder, sprich Schwarzbrennerjäger, der Region verwandt ist. Ein für Amila ungewöhnlich optimistischer Schluss, der eigentlich gar nicht *noir* ist.

Die Tatsache des unpolitischen Herangehens kann der anarchistischen Tradition geschuldet sein. Ich möchte allerdings nicht ganz ausschließen, dass es sich einfach um Tarnung handelt, um in den politisch rabiaten Jahren der Hochzeiten des Kalten Kriegs möglicher Verfolgung und/oder eventuell drohendem Verbot zu entgehen.

Alter Individualismus gegen Neue Gewalt

Die Ablehnung der radikalindividualistischen Haltungen (und des damit in Verbindung gebrachten Stirnerschen Solipsismus) ist für Amila nicht nur durch seine Herkunft gegeben, sondern durch die literarische Tradition des *roman populiste,* in der er verankert ist, die er – allerdings schon in einem neuen, moderneren, differenzierteren[52] Genre, dem Krimi – zu einem letzten Höhepunkt führt und in die er sich bewusst gestellt hat.

Mit dem Neopolar – und mit dem jetzt auch problemlos auf Deutsch zugänglichen Jean-Patrick Manchette,[53] der anfangs dessen wichtigster und bekanntester Vertreter war und heute als der Klassiker dieser Richtung eingeschätzt wird – tritt eine neue Zeit auf den Plan. Dies wird durch dessen Anbindung an die Situationisten und (damit) an die s*ociété du spectacle*[54] (die Mediengesellschaft eben) nur auf den Punkt gebracht. Jetzt ist Individualismus um jeden Preis angesagt, was sich auch sprachlich niederschlägt: Vom *style parlé,* der sich bewusst und gekonnt an die gesprochene (Umgangs-)Sprache anlehnt – Amilas Spezialität, der, wie wir wissen, seine „Weiterleitung" in die Série Noire zu danken war –, zum neuen Argot, in dessen neuer Funktion als ständig wechselnde medial vermittelte Szenesprache.[55]

In der Tat ist dies die neue Zeit, in der ein Anarchismus des Alltags als „eine natürlich, unhinterfragt – naiv – gelebte Haltung" immer schwieriger wird, weil die populären Milieus wegsaniert zu werden beginnen und zumindest die staatliche Gewalt immer allgegenwärtiger und mit immer umfassenderem Anspruch aufzutreten beginnt.

---

52 *Moderner* und *differenzierter* im Sinne einer (marktnischengerechten) Spezialisierung im Bereich der populären Genres im Rahmen der fortschreitenden Differenzierung des populären Milieus, aber auch der gezielteren Durchdringung des Marktes.
53 Die Übersetzungen seiner Werke erscheinen in den letzten Jahren im Heilbronner DistelLiteraturVerlag.
54 So ein wichtiger Titel aus dieser Zeit, der heute im Taschenbuch lieferbar bleibt: Guy Debord: *La société du spectacle,* [Paris]: Gallimard, [ab] 1996 (folio; 2788) – ISBN: 2-07-039443-3; später dann: 978-2-07-039443-2 (Die Erstausgabe war 1967 bei Buchet-Chastel, ebenfalls in Paris erschienen.). Auf Deutsch erstmals als *Die Gesellschaft des Spektakels,* übersetzt von Jean-Jacques Raspaud, Berlin: Edition Tiamat, 1996 (Critica diabolis; 65) – ISBN: 3-923118-97-X.
55 Dass zeitgleich zu Amila die „*Rififi*-Schule" Argot geballt verwendete, ist allgemein bekannt (und habe ich oben schon erwähnt). In diesem Falle handelte es sich aber noch um den alten *argot du milieu* (die „Gaunersprache"), der kostumbristisches Lokalkolorit schaffen sollte.
Das Wort *argot* ist im Gegenwartsfranzösischen problematisch, da es noch in seiner traditionellen Bedeutung (als „Gaunersprache") aktuell ist, aber mehrheitlich heute für <Szenesprache> steht. Dieser aktuell verlaufende Bedeutungswandel drückt sich sowohl in den Einträgen einzelner Wörterbücher, als auch insbesondere beim Vergleich von Einträgen verschiedener Wörterbücher – auch schon historisch über den doch relativ kurzen Zeitraum der letzten vierzig Jahre – aus.

Aber auch die immer professioneller auftretenden Banden sind durch den Staat „vermittelt": Entweder stellt er sie in Parallelorganisationen selbst auf;[56] oder aber es handelt sich um demobilisierte Soldaten, die nichts anderes gelernt haben als das Kriegshandwerk und sich im zivilen Bereich neu „aufgestellt" haben.

Diese Haltung des Staates wird in *Mitleid mit den Ratten* am deutlichsten, wo in den letzten Zeilen von der Polizei das Haus der Familie Lenfant gestürmt wird. Auf seinen Protest hin, er habe nichts mit der Killer- und Bombenwerferbande zu tun, erhält Lenfant vom Befehlshabenden zur Antwort:

> „Schade um dich! Vor einem politischen Gegner könnte man zur Not noch Respekt haben – aber vor so widerlichem kleinem Diebsgesindel. Pah!"
> Er spuckte ihm ins Gesicht. Dann unterzog man die Familie Lenfant einem Verhör.

Krimiautoren mit anarchistischen Neigungen glaubten sich schon damals keine Illusionen machen zu dürfen, was dies bedeutete. Einzig Politkiller sind auf gleicher Ebene wie der, eben satisfaktionsfähig für den Staat: Brutaler kann man aus anarchistischer Sicht diesen nicht kritisieren.

„Zivilgesellschaftliche" Banden als – direkte – Folge der staatlichen Gewalt durch demobilisierte Offiziere und Soldaten des Algerienkrieges werden in *Bis nichts mehr geht* eher beiläufig, aber ohne ein Blatt vor den Mund zu nehmen, ins Zentrum gestellt. Sie setzen den „Bürgerkrieg" in Algerien jetzt auf eigene Faust fort – wie die OAS in *Mitleid mit den Ratten* –, allerdings jetzt nicht für „ideelle Ziele", sondern direkt für wirtschaftliche Interessen.

Auch in *Motus* ist öffentliche, offizielle und offiziöse Gewalt allgegenwärtig. Dies gilt ebenso für die Gewalt des Kriegs in *Mond über Omaha* [Beach], zu der der „Deserteur" genau an dem Strand, wo er zwanzig Jahre zuvor mit der ersten Welle der Alliierten Armeen gelandet war, zurückkehrt: Er wird dort von seiner Ehefrau erschossen, als er nachts aus dem Wasser kommt, nachdem er mit der Frau eines ehemaligen Kriegskameraden Schwimmen gegangen war.

Schlussbemerkung

Mitleid mit den Ratten ist ohne Zweifel einer der Höhepunkte im Romanschaffen Amilas, ja, einer der Höhepunkte des französischsprachigen Krimis über-

---

56 Die Geschichte der gegen die baskische terroristische nationale Befreiungsorganisation ETA vom spanischen Staat gegründeten GAL (Grupos Antiterroristas de Liberación) sind hierfür ein hervorragendes Beispiel, das exzellent – von einem irischen Autor (!) – dargestellt wird in Paddy Woodworth: *Dirty War, Clean Hands. ETA, the GAL and Spanish Democracy*, Cork: Cork University Press, 2001 – ISBN: 1-85918-276-3.
Sollten Sie Spanisch besser als Englisch lesen: *Guerra sucia, manos limpias: ETA, el GAL y la democracia española*, Barcelona: Critica, [2002] (Critica contrastes).

haupt. Ganz sicher jedoch das Beste, was in der vormanchetteschen Periode in diesem Genre geschrieben wurde.

Die alte „Handwerkerehre" wird in als total normal hingestellten und handwerklich perfekt und sorgfältig durchgeführten Einbrüchen von einer Einbrecherfamilie zelebriert, deren Tochter aufs Gymnasium geht und deren Vater in der nahegelegenen Simca-Fabrik sein Geld durch Schichtarbeit verdient: die Familie als Zusammenschluss zur Versorgungseinheit, die sich so weit wie möglich vom Staat emanzipiert. In diese Welt dringt in Form eines kollektivistisch in seine Bande eingebundenen Berufskillers die Außenwelt ein, die diese anachronistische Insel der alten Subsistenzwirtschaft einfach als Provokation empfinden muss.

Individualismus ist solidarisch in die Tradition eingebunden und wirtschaftet „nachhaltig"; Kollektivismus – jede Art von Organisation, nicht allerdings organisiertes Vorgehen, denn auch die Familie Lenfant geht organisiert vor – erneuert – innoviert – und zerstört in diesem Prozess mutwillig.

Eine letzte Möglichkeit, Anarchie des Alltags in traditionellem Stil leben zu können, wird von dem zum Schluss angreifenden Staat als nicht – mehr – satisfaktionsfähig und damit zerstörenswürdig angesehen: der endgültige Abgesang auf den Handwerkeranarchismus aus den Anfangszeiten der Anarchie, die „klassische" Anarchie, auf die Anarchie *tout court* (?!).[57]

Sicher ist es kein Zufall, dass der Familienname der handwerklichen Einbrecher Lenfant („Kind") lautet – sie haben längstmöglich versucht, im Stand der gesellschaftlichen Unschuld zu verharren. Wahrscheinlich ist es aber auch kein Zufall, dass der Vater dieser Familie, Julien Lenfant, soweit ich sehe, die einzige Person in Amilas Werk ist, die – als Eigenbezeichnung – das Wort *Anarchist* in den Mund nimmt (wenn auch nur in einem Satz und zustimmend auf eine Frage): eine große Hommage an eine unwiederbringlich verlorene Welt – oder doch nicht? Siehe die Filme der letzten Jahre!

---

[57] Die in den von uns benutzten Einführungen widergespiegelte Zeitgrenze könnte ein dezenter Hinweis in diese Richtung sein.

Joachim Szodrzynski

„‚Wir Juden' haben so viel mit einander zu schaffen wie ‚wir Fahrgäste im selben Omnibus'!"

Anmerkungen zum Typus des nicht-jüdischen Juden am Beispiel Erich Mühsams

Als Hannah Arendt 1944/45, unter dem unmittelbaren Eindruck des Holocaust, den Essay *Die verborgene Tradition* schrieb, war es *eine* Botschaft, die sie unbedingt vermitteln wollte: Allen Anstrengungen westeuropäischer Juden seit dem 19. Jahrhundert, im Zuge der Assimilation langfristig zu einer „Ununterscheidbarkeit" in der jeweiligen Gesellschaft zu gelangen, sei durch die Entwicklung des 20. Jahrhunderts jede Basis entzogen. Weder die „Versuchung einer törichten Mimikry"[1], die Arendt in einer ständig bedrohten Parvenuexistenz erblickte, noch die Figur des gesellschaftlichen Paria, der in einer „noch so kleinen Ecke [...] der Welt ein Bewusstsein von Freiheit und Menschlichkeit"[2] aufrechtzuerhalten suche, böten Juden künftig eine Perspektive. Beide, Parvenu wie Paria, seien Spielarten ein und derselben Selbsttäuschung, nämlich der fatalen Illusion, Juden könnten „als Mensch unter Menschen" im Rahmen eines anderen Volkes leben als dem jüdischen.

Dabei ließ Hannah Arendt, die das Begriffspaar „Parvenu" – „Paria" aus den Schriften des französischen Soziologen Bernard Lazare übernahm, keinen Zweifel an ihrer Sympathie für den Paria, der außerhalb der Rangordnungen der Gesellschaft steht und keine Lust hat, in sie aufgenommen zu werden. Vor allem in der Spottlust Heinrich Heines, in der „herrlichen Treffsicherheit seines Hohnes"[3] glaubte sie den Protest des Paria zu hören. Seine „göttliche Frechheit"[4] galt ihr als jene unbekümmerte Heiterkeit, die dem in die Realitäten verstrickten und für sie mitverantwortlichen Bürger unerträglich sein müsse. Folgerichtig schnitt der Lebensentwurf des Parvenus, der ja per definitionem nicht in eine feste Rangordnung hineingeboren wurde, sondern sich mühsam in seine gesellschaftliche Position hineinquälte und sich in „innere Knechtschaft bei äußerer Freiheit"[5] flüchtete, ungleich schlechter ab. Entscheidend aber blieb Hannah Arendts Fazit: „Es gibt keine ‚individuellen Auswege' mehr – weder für den Parvenu, der einst auf eigene Faust seinen Frieden mit der Welt gemacht hatte, in welcher man als Jude nicht Mensch sein durfte, noch für den Paria, der auf eine solche Welt indi-

---

1 Hannah Arendt, Die verborgene Tradition. Acht Essays, Frankfurt a.M. 1976, S. 46–73, hier S. 46.
2 Ebd., S. 72.
3 Ebd., S. 52.
4 Ebd., S. 53.
5 Ebd., S. 72.

viduell verzichten zu können gemeint hatte. Der Realismus des einen war nicht weniger utopisch als der Idealismus des anderen."[6]

Nun kann man über dieses Diktum trefflich streiten. Aus heutiger Perspektive erscheint Arendts Position zeitgebunden nur allzu nachvollziehbar, zugleich aber äußerst hermetisch. Denn was sie als dramatische Fehlentwicklung dem Müllhaufen der Geschichte überantworten wollte, hatte sich für Generationen von Juden in Westeuropa – individuell ebenso wie als Bevölkerungsgruppe – sehr zu Recht als Erfolgsgeschichte dargestellt.

Im Gegensatz zu Arendt vertrat denn auch der Journalist und Historiker Isaac Deutscher in seinem Essay *Der nichtjüdische Jude* 1958 die Position, erst der „jüdische Abtrünnige, der über das Judentum hinausgelangt"[7] sei, indem er „an der Grenze zwischen unterschiedlichen Zivilisationen, Religionen und nationalen Kulturen gelebt"[8] habe, in der Lage, „die Botschaft der universellen menschlichen Emanzipation"[9] zu vermitteln und damit zugleich den Nationalstaat, nicht zuletzt den zehn Jahre zuvor gegründeten jüdischen, zu transzendieren.

Zwar war sich Deutscher durchaus bewusst, dass seit den 1940er Jahren der „Rauch der Gaskammern, den kein Wind aus unserer Sicht verwehen kann"[10], den traditionellen Optimismus nichtjüdischer Juden in Hinblick auf die Möglichkeiten universeller Emanzipation verdunkele, hielt aber unbeirrt an diesem „politischen und moralischen Vermächtnis […], das uns die größten jüdischen Denker hinterlassen haben"[11], fest.

Der Grund, warum in einem Vortrag über Erich Mühsam und seine Familie zu Beginn Hannah Arendt und Isaac Deutscher so ausführlich zu Wort kommen, ist folgender: Obwohl Arendt und Deutscher in ihren Essays Mühsam mit keinem Wort erwähnen, ihn möglicherweise auch nur vom Hörensagen oder aus Zeitungen kannten, lässt sich die Typologie, die Arendt an Heinrich Heine, Charlie Chaplin und Franz Kafka entwickelt und die Deutscher um den Typus des „nichtjüdischen Juden" bereichert, nicht nur passgenau auf die Familie Mühsam übertragen, sondern scheint im Konflikt Siegfried Seligmann Mühsam versus Erich Mühsam erst ihren eigentlichen Antagonismus zu finden: Parvenu und Paria, zwei Spielarten des „nichtjüdischen Juden", in Gestalt zweier konträrer Mitglieder einer Familie, die, Jahrzehnte vor der bei Arendt alles überschattenden Erfahrung der Vernichtungslager, um zukunftsträchtige Entwürfe jüdischer Emanzipation in Deutschland ebenso unversöhnlich stritten wie um die Beglaubigung ihrer Lebenswege.

---

6 Hannah Arendt, Die verborgene Tradition, S. 73.
7 Isaac Deutscher, Der nichtjüdische Jude. Essays, Berlin 1977, S. 59–74, hier S. 60.
8 Ebd.
9 Ebd., S. 74.
10 Ebd., S. 69.
11 Ebd., S. 74.

Siegfried Seligmann Mühsam. Wahrlich ein programmatischer Name: Der tragische Held der Nibelungen, Inbegriff germanischer Mythen – verbunden mit jüdischer Tradition. Und tatsächlich war der 1838 in der kleinen schlesischen Landgemeinde Landsberg als zweiter Sohn von Moritz und Charlotte Mühsam, geb. Schweitzer, geborene Siegfried sein Leben lang vor allem zweierlei: preußischer Patriot und deutscher Jude.

Gegen den Wunsch der Eltern, die ihn lieber als Kaufmann gesehen hätten, absolvierte Siegfried Seligmann das Gymnasium in Oppeln, verschiedene Praktika als Apothekergehilfe und schließlich 1865/66 ein Pharmaziestudium in Königsberg, das er mit dem Prädikat „sehr gut" abschloss. Im Mai 1866 wurde er als Apotheker approbiert.

Stichworte einer Erfolgsgeschichte, die überschattet war von unverschuldeter Armut und der Notwendigkeit des Fleißes und der Sparsamkeit: Da Moritz Mühsam für seine Schwester eine Bürgschaft geleistet hatte, die er nach deren Tod einlösen musste, war seine Familie zeitweilig völlig mittellos. Während Siegfrieds gesamter Ausbildung sah sich die Familie zu einer asketisch-sparsamen Lebensführung genötigt.

Charlotte Landau, eine der beiden Töchter Siegfrieds und Schwester Erich Mühsams, beschrieb ihre Großeltern in ihren Lebenserinnerungen:

> Meine Großeltern verarmten [...] so, dass sogar die Kartoffeln den Kindern zugezählt werden mussten. [...] Es gelang meinen Großeltern durch eisernen Fleiß und große Sparsamkeit wieder in bessere Verhältnisse zu kommen. Sie genossen großes Ansehen in Landsberg. Mein Großvater war in der Stadtverwaltung und im Vorstande der jüdischen Gemeinde tätig. Von seiner jüdischen Einstellung ist mir bekannt, dass er ein frommer, aber kein orthodoxer Mann war.[12]

Und über ihren Vater wusste sie zu berichten:

> Während des Studiums musste er sich recht quälen, denn das Geld, das er sich dafür ersparen konnte, war sehr knapp bemessen. Er war nicht in der Lage, ein Zimmer für sich allein zu bewohnen, er musste es mit anderen Studenten, die ebenso wenig besaßen wie er, teilen. Das Brot, mit dem er eine Woche auskommen musste, bewahrte er im Nachttisch auf, damit es nicht austrocknete. Zu Beginn des Monats kaufte er sich 30 Speisemarken, wenn der Monat 31 Tage hatte, schob er einen Fasttag ein.[13]

Wie sich ein Cousin Erich Mühsams erinnerte, wurde das Geld im Haushalt des Siegfried Seligmann „mit größter Sparsamkeit wie ein sehr lebenswichtiger Faktor behandelt, verwaltet und zusammengehalten"[14].

---

12 Christoph Hamann, Die Mühsams. Geschichte einer Familie, (Jüdische Memoiren, Bd. 11, hrsg. von Hermann Simon) Teetz 2005, S. 83.
13 Ebd., S. 88.
14 Ebd.

Neben Armut und Sparsamkeit findet sich in der Familienüberlieferung ein zweites zentrales Element: die Betonung sozialer Anerkennung und sozialen Aufstiegs. Öffentliches Ansehen verhieß im Preußen des 19. Jahrhunderts – neben Bildung und Beruf – vor allem der Dienst in Uniform. Für Preußen und Deutschland „auf dem Felde der Ehre" zu kämpfen, galt als Beglaubigung patriotischer Gesinnung. Und so nahm Siegfried Seligmann unmittelbar nach dem Studium ab Mai 1866 als Feldapotheker am preußischen Feldzug gegen Österreich teil, war u. a. an der kriegsentscheidenden Schlacht bei Königgrätz (3. Juli 1866) beteiligt und erhielt dafür das „Erinnerungskreuz für Nicht-Combattanten in Anerkennung seiner pflichttreuen Teilnahme". Die Bedeutung, die dieser „Ehrendienst" für sein Selbstverständnis hatte, zeigt sich daran, dass der Säbel, der ihn während des Feldzugs begleitete, ohne dass er ihn jemals benutzt hätte, zeitlebens über seinem Bett hing und er im Familienkreise oft und gern auf den Krieg zu sprechen kam. Sein Vertrauen in Deutschlands militärische Stärke war seither unerschütterlich. Als sich 1914 die Kriegsgefahr zuspitzte, war er sicher: „Wenn wir nur mit den Säbeln rasseln, dann laufen die Russen schon davon." Und auch nach Ausbruch des Krieges vertrat er die Überzeugung, dass „Deutschland gar nicht unterliegen kann"[15].

Ungeachtet seines sozialen Aufstiegs – Siegfried Seligmann Mühsam war 1878 mit seiner Familie nach Lübeck gezogen, wo er die St.-Lorenz-Apotheke am Lindenplatz erwarb – stieß seine gesellschaftliche Integration an Grenzen. Zwar hatten die Juden 1869 im Norddeutschen Bund und 1871 schließlich im Deutschen Reich ihre volle rechtliche Gleichstellung erreicht, aber ein latent oder offen zu Tage tretender Antisemitismus blieb: Gesellschaftlich verkehrten die Mühsams in Lübeck nur mit Juden.

Charlotte Landau berichtet in ihren Erinnerungen von der Leiterin des Lübecker Lehrerinnenseminars, einem Fräulein Rocquette, die eines Tages in der täglichen Morgenandacht Gott laut gedankt habe, weil sie der Versuchung, ein jüdisches Mädchen aufzunehmen, trotz des damit verbundenen materiellen Vorteils für das Institut widerstanden habe. Hans Mühsam, dem älteren Bruder Erich Mühsams, wurde der Schulbesuch mitunter durch seine Mitschüler zur Qual, die von ihm abrückten, sich – wegen angeblichen Knoblauchgeruchs – die Nase zuhielten und ihm in jeder Hinsicht signalisierten, dass er den Makel habe, „falsch geboren zu sein" (Rahel Varnhagen).

Dennoch, der deutsche Siegfried wurde für den honorigen Apotheker Mühsam immer wichtiger als der jüdische Seligmann. Aus einer jüdischen Familie wurde eine deutsche Familie mit jüdischer Tradition. In den Worten der Tochter Charlotte:

---

15 Ebd., S. 90.

Meine Eltern, die beide nicht orthodoxen, aber traditionell geführten Häusern entstammten, hatten unser Leben dem unserer nichtjüdischen Umgebung angepasst. Sie gingen zwar zu den Festtagen in die Synagoge, aber mehr machte sich Jüdisches bei uns nicht bemerkbar. Wir Kinder hatten beim Rabbiner sogenannten „Religionsunterricht", da er uns aber mit dem Elternhaus nicht in Konflikt bringen sollte, beschränkte er sich darauf, uns hebräisch lesen zu lehren und einige Gebete Wort für Wort übersetzen zu lassen, so dass wir den Zusammenhang der Worte oder gar Sätze nicht hatten.[16]

Die Familie berücksichtigte die jüdischen Speisevorschriften nicht mehr, und auch das Verhältnis zur jüdischen Gemeinde Lübecks kühlte ab: In den letzten Jahren seines Lebens betrachtete sich Siegfried Seligmann Mühsam nicht mehr als ordentliches Mitglied und zahlte nur noch einen freiwilligen Betrag. Sein Neffe Paul Mühsam schrieb:

> Es lag in der Zeit begründet, dass mein Onkel nach außen hin wenig von seinem Judentum zur Schau trug. Er war keineswegs der Typ des Assimilationsjuden, der sein Judentum geflissentlich zu verbergen suchte – dazu war er innerlich viel zu sehr mit jüdischer Familientradition verbunden –, aber er legte der Allgemeinheit gegenüber keinen Wert darauf, sondern suchte sich in die christliche Welt weitgehend einzugliedern. Das Feiern des Weihnachtsfestes mit Christbaum und Geschenken war selbstverständlich, und in Gegenwart des Personals wurde alles Jüdische, selbst das Wort Jude, ängstlich vermieden.[17]

Lübeck dankte es seinem anpassungswilligen Neubürger: Bereits nach acht Jahren Ansässigkeit, im Jahr 1887, wurde das spendable Engagement des Apothekers in der „Gemeinnützigen Gesellschaft" mit der Berufung in die Lübecker Bürgerschaft belohnt, der Mühsam über fünf Wahlperioden hinweg, bis zu seinem Tod 1915, ununterbrochen angehörte. Damit hatte er die höchste gesellschaftliche Reputation erlangt, die im Stadtstaat für ein Mitglied des gehobenen Bürgertums erreichbar war. Ein nationalkonservativer Preuße, der die Erinnerung an den Krieg von 1866 ebenso sorgsam pflegte wie den Kaiser-Wilhelm-Bart, der sich auf seine dominierende, auch im öffentlichen Leben angesehene Persönlichkeit einiges zugute hielt und der den „Reichsgründer" Bismarck verehrte, dessen Bild, vom Fürsten persönlich unterschrieben, im Hause der Familie neben dem von Moltke hing. Voller Stolz hatte der patriotische Apotheker 1892 notiert:

> Als Mitglied der Deputation des Kampfgenossen-Vereins zu Lübeck beim Fürsten Bismarck in Friedrichsruh gewesen, behufs der Überreichung des Diploms als Ehrenmitglied des Kampfgenossenvereins. Vom Fürsten und der Fürstin zur Frühstückstafel geladen, einen Trinkspruch ausgebracht auf den Fürsten, die Frau

---

16 Christoph Hamann, Die Mühsams, S. 94.
17 Ebd.

Fürstin und die fürstliche Familie. In ganz zwangloser Unterhaltung 3 ¼ Stunden bei Tisch gesessen.[18]

Selbstbewusst schickte Mühsam seine Söhne aufs Katharineum, wo der männliche Nachwuchs der Lübecker Oberschicht nach „höherer Reife" strebte. Auch wenn er als Zugereister nicht in der Innenstadt, sondern vor dem Holstentor wohnte, wo – in geschäftlich günstiger Lage – die Straßen am Lindenplatz zusammenliefen und der Weg zum Bahnhof vorbeiführte, verband der Vater mit der Wahl der Schule höchste Erwartungen: Unter gelungener Assimilation verstand er nicht nur, den Makel des Judentums, sondern auch die niedere Herkunft vergessen zu machen.

Am Ende seines Lebens hätte Siegfried Seligmann mit sich zufrieden sein können: Unter schwierigsten Voraussetzungen hatte er etwas aus sich gemacht, hatten ihn die Lübecker Honoratioren in die „besseren Kreise" aufgenommen. Streng hatte der Patriarch über die Erziehung der Kinder gewacht, die er mit seiner Frau Rosalie, geb. Cohn, gezeugt hatte – und alle schienen ihm wohl geraten, hatten standesgemäß einen Arzt oder Juristen geheiratet oder waren selbst Arzt geworden. Lediglich ein Kummer begleitete ihn bis ins Grab: das „Missraten" seines jüngeren Sohnes Erich, der eigentlich die Apotheke, sein Lebenswerk, hatte fortführen sollen.

Tatsächlich hätten die Gegensätze zwischen dem angesehenen Autokraten und dem am 6. April 1878 noch in Berlin geborenen Sohn schärfer kaum sein können: eine Extremform des für die Generation der Expressionisten so typischen Vater-Sohn-Konfliktes, eines Konfliktes, in dem es väterlicherseits – unter dem Vorzeichen von „Erziehung" – um das Formen des Nachwuchses nach dem eigenen Bilde ging, während aus der Perspektive des Sohnes die Rebellion gegen die väterlichen Normen und Werte purer Selbsterhaltung gleichkam.

Gegensätze, die in Charakterisierungsversuchen von Familienmitgliedern ebenso zum Ausdruck kommen wie in autobiographischen Notizen von Erich Mühsam selbst. In der Familie galt der junge Erich als naiver Taugenichts.

1904 schrieb sein Schwager, der in Lübeck praktizierende Arzt Julius Joel, an einen Kollegen, den Zürcher Nervenarzt und Anarchisten Fritz Brupbacher, bei dem der sechsundzwanzigjährige Mühsam, der zu dieser Zeit durch die europäische Boheme vagabundierte, Unterschlupf und Heilung gesucht hatte:

> E. zeichnete sich schon auf der Schule dadurch aus, dass er alles Neue mit großem Eifer angriff, nach kurzer Zeit aber ließ der Eifer nach, um sich auf den nächst neuen Gegenstand zu werfen. Die Folge war, dass er in der Schule nicht mit fortkam, des öfteren sitzenblieb. [...] Er trat dann hier in die Lehre als Apotheker. Zuerst gings gut, bald aber trat sein Drang zum Dichten hervor, den er schon lange in sich gefühlt hatte, und er eröffnete uns, dass er durchaus Schriftsteller wer-

---

18 Ebd., S. 97.

den müsse. [...] Ich führe das alles nur an, um Ihnen zu zeigen, dass E. zu jenen modernen Menschen gehört, die fortgesetzt von ihren großen Zielen und Arbeiten sprechen, die aber nicht genug Willensstärke besitzen, dieses Ziel stetig und durch angestrengte zielbewusste Arbeit zu verfolgen. Es ist ein ewiges Herumtasten. [...] Und so erlebt E. „Enttäuschungen", die er sich bei mehr Selbstkritik gut ersparen könnte. Noch mehr würde er sich diese Enttäuschungen ersparen, wenn er sich entschließen könnte, sich ein geregeltes Wissen anzueignen. Denn die ungenügende Schulbildung und die planlose Lektüre aller möglichen sicher nur halbverdauten Philosophen und sonstiger Schriftsteller, sind gewiß nicht geeignet, einen Menschen, selbst wenn er natürliche Begabung zum Schreiben hat, zu einem bedeutenden Schriftsteller zu machen. Und nur ein solcher will E. sein. Das ist dem armen Menschen nicht klar zu machen. Er leidet eben an einer gewissen Selbstüberhebung, an, man möchte fast sagen, großen Ideen. Zu dieser Überschätzung seiner Fähigkeiten und Leistungen kommt aber nach meiner Ansicht noch etwas anderes, was auf die Entstehung seines Zustandes sicher eingewirkt hat. Durch seinen Umgang & seine Lektüre hat sich E. allmählich eine Lebensanschauung gebildet, die die Freiheit des Individuums als das Erstrebenswerteste betrachtet. Diese Freiheit wird, da wo es sich um die Lebensführung handelt, zur Unordnung. Der Anzug ist schmutzig & zerlumpt, obgleich genügend Geld dafür ausgegeben werden kann & ausgegeben wird, die Haare werden nicht geschnitten & verwildern. Das Geld, das für Mittagessen ausgegeben werden sollte, wird für andere Dinge verausgabt. Vielleicht wird auch Nachts nicht genügend geschlafen & dabei wohl noch viel Pfeife geraucht u.s.w. Das Ganze nennt man dann „Ausleben der Persönlichkeit". Dass man bei einem solchen Leben allmählich matt und krank wird, ist selbstverständlich für den gewöhnlich denkenden Menschen. Bei E., der nur sein eigenes Ich als Maß aller Dinge ansieht, ist es unmöglich, ihn von der Schädlichkeit seiner Lebensweise zu überzeugen & ihn zur Annahme einer anderen zu bewegen. [...] Es besteht, wie gesagt, keinerlei Animosität gegen meinen Schwager bei uns; wir wissen alle, dass er ein gutmütiger & ehrlicher Mensch ist, der vielleicht die besten Absichten hat. Wir halten ihn aber für schwach und zu wenig ausdauernd, als dass er seine Ziele erreichen könnte. [...] Eine vollständige dauernde Heilung der körperlichen Schwäche wird aber nur möglich sein, wenn E. seine ganze Lebensanschauung & Lebensweise ändern wird. Dass das geschieht, dazu habe ich leider nicht die geringste Zuversicht. Er weiß sich nicht zu zähmen und deshalb wird ihn [sic!] sein Leben wie sein Dichten zerrinnen.[19]

Kaum überraschend, dass Erich Mühsams Selbstbild anders aussah. 1910, am Tag des 72. Geburtstages seines Vaters, versuchte er, sich in seinem Tagebuch Rechenschaft über das komplizierte Verhältnis abzulegen:

[...] das Gefühl der Dankbarkeit, das doch im Empfinden der Kinder gegen die Eltern als das natürlichste gilt, ist mir völlig verlorengegangen. [...] Man kannte meine Neigung, Bücher zu lesen. Nie erhielt ich welche geschenkt, und als man dahinterkam, dass ich nachts heimlich aufstand, an den Bücherschrank meiner Eltern ging und mir die Werke Kleists, Goethes, Wielands, Jean Pauls herausholte, da verschloss man den Schrank und nahm mir auch die einzige Möglichkeit, mei-

---

19 Brief von Julius Joel an Fritz Brupbacher vom 14.10.1904, in: Erich Mühsam, In meiner Posaune muß ein Sandkorn sein. Briefe 1900–1934, hrsg. von Gerd W. Jungbluth, Vaduz 1984, Bd. 2, S. 733 ff.

ne heiße Sehnsucht zu befriedigen. Geld bekam ich nie in die Hand. Als ich es mir dadurch erschwindelte, dass ich vorgab, hier und da Schreibhefte, Bleistifte usw. zu gebrauchen, da wurde ich in der grauenhaftesten Weise geschlagen. Ich denke mit wahrem Grauen an die Tage, wo ich herumschlich, angstvoll auf die versprochene Keile zu warten. Denn mir war für ein so schreckliches Verbrechen, dass ich zwanzig, dreißig Pfennige „unterschlagen" hatte (denn mein Vater drückte sich in solchen Fällen gern möglichst juristisch aus), eine dreifache Auflage von Prügeln zudiktiert worden, das heißt, ich hatte an drei Tagen hintereinander mich zum Empfang der Strafe zu melden. [...] In der Schule war ich faul wie die Sünde. Nie kam jemand auf den Gedanken, dass ich, dessen Gewecktheit und leichte Auffassung jeder bemerken musste, falsch angefasst wurde. Hätte ich verständnisvolle Lehrer – womöglich Privatlehrer – gehabt, ich hätte gern und mit Hingebung gelernt. So wurde ich immer nur gehauen und gestraft, gestraft auch seelisch damit, dass ich nie teilnehmen durfte an Ausfahrten oder anderen Vergnügungen der Geschwister, gestraft durch geringschätzige Behandlung und wahrhaft raffinierte Mittel, ein kindliches Gemüt zu kränken. Und dabei stets der Stolz des Vaters auf seine Erziehungsmethode, der Stolz dieses Mannes, der nicht erkennen konnte, dass seine Kinder nicht alle gleichgeartet waren, dass drei so waren, wie er sie haben wollte, brav, fleißig, gehorsam, und nur ich aus der Art schlug. Alles immer in der besten Absicht, in wahrhaft gutem Bestreben für mich. Und ich ging hinaus und hielt mich schadlos für alles durch ausgelassene Streiche, durch alle möglichen Erfindungen des Unfugs, und immer wieder gab es Strafen und Tadel, und das Lernen wurde mir zum Ekel und das Leben so früh schon zum Überdruß. Und immer wusste ich doch dabei, wer ich war. Stets fühlte ich den Erlesenen in mir, den, dem unter allen Großes vorbehalten war. [...] Nun sitze ich da, mit 32 Jahren, immer noch von heute auf morgen in Angst, wovon leben? Immer noch ohne eigene Wohnung, ohne Aussicht, dass es bald besser wird. Soll ich dem Vater den Tod wünschen? Ich weiß nicht. Ich habe keine Sentimentalitäten, die mich daran hinderten. [...] Was ich ihm heute wünsche, ist ein heiterer Beschluß des Lebens, aber kein langes Verweilen mehr. Einmal aber vor dem Ende möge er noch in einem klaren Moment einsehen, wie viel Vorwurf und Strafe, die er mich hat kosten lassen, ihm für seine Erziehungsmethode gebührt.[20]

So sehr die Beurteilungen und Zuschreibungen in beiden Quellen differieren, so sehr veranschaulichen sie zwei Seiten ein und derselben Medaille: Seit seiner Schulzeit war Erich Mühsam ein Rebell, der – mit geradezu idiosynkratischer Abneigung gegen jede Art von Hierarchie und Autorität – alles in Frage stellte, was dem Vater lieb und teuer war. Andererseits war er seit einer auf massiven Druck des Vaters begonnenen und im Jahr 1900 widerwillig abgeschlossenen Lehre als Apothekergehilfe offensichtlich weder willens noch in der Lage, einer geregelten, womöglich sogar regelmäßig bezahlten Tätigkeit nachzugehen – und damit finanziell weitgehend auf den monatlichen Scheck des Vaters angewiesen, den dieser immer wieder als Druckmittel einsetzte.

Ein anderer Lübecker, der drei Jahre ältere Senatorensohn Thomas Mann, der, genauso wie Mühsam, als schlechter Schüler dreimal eine Klasse wiederholen

---

20 Erich Mühsam, Tagebücher 1910–1924, München 2004, S. 17 ff.

musste, genoss da ungleich bessere Konditionen.[21] Während die Schule für Mühsam die Steigerung der väterlichen Willkür bedeutete, wo ihn die Lehrer in Kooperation mit dem Vater von einer Katastrophe in die nächste trieben, war sie für Mann „überaus lästig", konnte ihm aber letztlich wenig anhaben. Am Sohn des Senators, der etwas von der väterlichen Würde in seinem Habitus vor sich hertrug und sich damit eine eigene Aura verschaffte, glitten die Lehrer ab und überließen ihn seinen Träumen. Thomas Mann musste nicht die anstrengende Rolle des sozialen Aufsteigers proben, er schlüpfte von oben in die Lebensrolle, die er für angemessen hielt, konnte Phantasie und Realität ähnlich spielerisch verschmelzen, wie er es zu Beginn seiner *Bekenntnisse des Hochstaplers Felix Krull* schildert:

> Ich erwachte zum Beispiel eines Morgens mit dem Entschlusse, heute ein achtzehnjähriger Prinz namens Karl zu sein, und hielt an dieser Träumerei während des ganzen Tages, ja mehrere Tage lang fest; denn der unschätzbare Vorzug solchen Spieles bestand darin, daß es in keinem Augenblick und nicht einmal während der so überaus lästigen Schulstunden unterbrochen zu werden brauchte. Gekleidet in eine gewisse liebenswürdige Hoheit, ging ich umher, hielt heitere und angeregte Zwiesprache mit einem Gouverneur oder Adjutanten, den ich mir einbildungsweise beigab, und niemand beschreibt den Stolz und das Glück, mit dem das Geheimnis meiner feinen und erlauchten Existenz mich erfüllte. Welche eine herrliche Gabe ist nicht die Phantasie, und welchen Genuß vermag sie zu gewähren! Wie dumm und benachteiligt erschienen mir die anderen Knaben des Städtchens, denen dies Vermögen offenbar nicht zuteil geworden und die also unteilhaft der verschwiegenen Freuden waren, welche ich mühelos und ohne jede äußere Verkehrung, durch einen einfachen Willensentschluß daraus zog![22]

Konnte sich Thomas Mann als eine Art Prinz oder zumindest als ein Wesen fühlen, dem ein breiter Spielraum zum Ausleben seiner Träume eingeräumt wurde, so blieb für Mühsam, um im Bild zu bleiben, lediglich der Part des Hofnarren, der mit der Rolle des Tyrannenmörders kokettiert. War das Spiel als Vorbereitung aufs Leben im Falle Manns so reich und ungehindert, das es zur Eigenwelt wurde, die nicht auf das praktische Leben, sondern auf das Leben im dichterischen Werk vorbereitete, so konnte Mühsam allenfalls über den (verbalen) Kampf ins Spiel finden, als Rebell und Verneiner.

In einer autobiographischen Skizze von 1907 mit dem Titel *Im Spiegel* hat Thomas Mann ein Porträt von der „Lebensform des Künstlers" gezeichnet, das selbstironisch seinen frühen literarischen Erfolg in Frage stellt, aber wenig überzeugend wirkt, wenn Mann einerseits seine Triumphe als gefeierter Dichter hervorhebt, um zugleich seine innere Verbundenheit mit der Boheme zu betonen. Umso mehr erinnert seine Schilderung an ein Zerrbild von Erich Mühsam, wo-

---
21 Vgl. Chris Hirte, Thomas Mann und Erich Mühsam. Berührungspunkte einer Jugend in Lübeck, Lübeck 1996, (Schriften der Erich-Mühsam-Gesellschaft. Heft 12), S. 8–38.
22 Thomas Mann, Bekenntnisse des Hochstaplers Felix Krull. Der Memoiren erster Teil, Frankfurt a.M. 2004, S. 16 f.

bei die Vermutung, dass ihm dieser bei seiner Schilderung vor Augen gestanden haben könnte, nicht ganz abwegig ist:

> Und nun? Und heute? Ich hocke verglasten Blicks und einen wollenen Schal um den Hals mit anderen verlorenen Gesellen in einer Anarchistenkneipe? Ich liege in der Gosse, wie mir's gebührte? Nein, Glanz umgibt mich. Nichts gleicht meinem Glücke. [...] Ein Dichter ist, kurz gesagt, ein auf allen Gebieten ernsthafter Tätigkeit unbedingt unbrauchbarer, einzig auf Allotria bedachter, dem Staate nicht nur nicht nützlicher, sondern sogar aufsässig gesinnter Kumpan, der nicht einmal sonderliche Verstandesgaben zu besitzen braucht [...], übrigens ein innerlich kindischer, zur Ausschweifung geneigter und in jedem Betrachte anrüchiger Charlatan, der von der Gesellschaft nichts anderes sollte zu gewärtigen haben – und im Grunde auch nicht anderes gewärtigt – als stille Verachtung.[23]

Der junge Lübecker Schwarmgeist, der sich in späteren Jahren mit einer eigenen Zeitschrift zur Gestalt des biblischen Brudermörders Kain bekannte und sich 1902 in einem Artikel „Nolo" („Ich will nicht") nannte, wusste als Zweiundzwanzigjähriger vor allem ganz genau, was er *nicht* wollte: um keinen Preis den erlernten Beruf ausüben; stattdessen – noch sehr vage – als freier Schriftsteller zur „Lösung der sozialen Frage" beitragen.

Mühsam verabscheute das saturierte Bürgertum, verspottete aber ebenso das kleinbürgerlich-proletarische Spießertum, das er nicht zuletzt in der deutschen Sozialdemokratie verkörpert sah. Demgegenüber propagierte er eine Idee, die Ende der 1960er Jahre in der Studentenrevolte als sogenannte „Randgruppentheorie" eine Renaissance erlebte: In Herbergen und Kaschemmen wollte Mühsam ein Lumpenproletariat aus Landstreichern, Arbeitslosen, Huren und Verbrechern formen, einen politisch bewussten fünften Stand. Völlig ungebildete „Elemente", deren größter Vorzug nach seiner Auffassung darin bestand, „noch nicht sozialdemokratisch verseucht" zu sein. Ein zweifelhaftes „revolutionäres Subjekt", zu dem Mühsam auch den „Künstler" zählte. Allerdings hatte er dabei wohl vor allem sich selbst vor Augen:

> Nur mit dem Künstler gerät der Spießer in die Brüche. Ich will hier bemerken, dass ich unter „Künstlern" nur solche verstanden wissen will, die ihre Kunst nicht zum Gewerbe erniedrigen, die es also unter allen Umständen ablehnen, ohne künstlerischen Antrieb zu produzieren. Dagegen gehören zu den Künstlern, die ich als Outsider der Gesellschaft behandle, auch solche, die ohne künstlerisch überhaupt produktiv zu sein, in allen ihren Lebensäußerungen von künstlerischen Impulsen geleitet werden.[24]

Eine pathetische Selbstverortung, die unvermeidlich Spötter auf den Plan rief. So erschien im Februar 1912, von Paul von Keyserling unter dem Pseudonym

---

23 Thomas Mann, Im Spiegel. Autobiographische Skizzen, in: *Das literarische Echo*, 15.12.1907.
24 Erich Mühsam, Bohème, in: Erich Mühsam, Fanal. Aufsätze und Gedichte 1905–1932, hrsg. von Kurt Kreiler, Berlin (West) 1977, S. 44–49, hier S. 46.

Balduin Bählamm (der von Wilhelm Busch erfundenen Figur eines „verhinderten" Dichters) herausgegeben, *Abel. Zeitschrift für Sklaverei.* Darin wurde der Dichter Mühsam ebenso parodiert wie die Atmosphäre in seinem Lieblingscafé:

> Es pilgern viele junge Leute
> Tagaus tagein ins Stefanie,
> Ganz ohne Blut sind ihr Häute,
> Doch jeder spürt in sich Genie.
> Sie sitzen dort an Marmortischen
> Auf denen dürre Kuchen stehn
> Und schlürfen eine falbe Lösung.
> – ‚Café au lait' – wie klingt das schön!
> Und wenn sie diese ausgetrunken
> Und nach dem Wasserglase greifen,
> Die Zigaretten angezündet,
> In ihnen große Pläne reifen.

Die ostentative Verweigerung gesellschaftlicher Nützlichkeit als Gesamtkunstwerk!

Weil er die „bleiche Angst der Philister" vor dem „Künstler" aus eigener Erfahrung genau zu kennen glaubte, bemerkte Mühsam sarkastisch:

> Da aber dem braven Mann des besitzenden Bürgerstandes jede künstlerische Betätigung, weil brotlos, verächtlich erscheint und er auf der andern Seite doch ganz gern einmal so ein Monstrum um sich sieht – nur aus der eigenen Familie darfs keiner sein; der würde schonungslos verstoßen werden –, so dünkt ihn in seiner Unterscheidungsunfähigkeit bald jeder pinselnde Millionärssprößling ein „Bohémien".[25]

Als Anarchist erblickte Erich Mühsam im wilhelminischen Staat mit seiner Justiz und Polizei die Wurzel allen Übels, als Pazifist waren ihm der preußische Militarismus und Nationalismus verhasst. Als Bohemien und zeitweiliger Anhänger lebensreformerischer Utopien unterstützte er grundsätzlich alle gesellschaftlichen Experimente, die ihm auf eine „Ordnung durch Bünde der Freiwilligkeit" zu zielen schienen: Ob in der *Neuen Gemeinschaft* der Brüder Hart, auf dem Monte Verità in Ascona, in der Siedlungsbewegung des verehrten „Lehrers" und älteren Freundes Gustav Landauer, im *Sozialistischen Bund* oder in der *Tat*-Gruppe – wie ein Seismograph der sozialen Revolution war Mühsam seit dem Jahr 1900 immer dabei, wenn es um das Ausprobieren „eines richtigen Lebens im falschen" ging.

Durch seinen Habitus, seine unkonventionelle Moral und Lebensweise und die von ihm kultivierte Pose eines politischen „Radikalinskis" wurde Erich Mühsam

---

25 Erich Mühsam, Bohème, S. 46.

Anfang des 20. Jahrhunderts zum Inbegriff des Bohemien, zum häufig gezeichneten oder gemalten Caféhausliteraten.

Als Fünfzigjähriger hat Mühsam die turbulenten Jahre vor dem Ersten Weltkrieg in den *Unpolitischen Erinnerungen* in altersmildes Licht getaucht:

> Ich galt ja wohl lange Zeit als „Prototyp eines Caféhausliteraten", und doch war es für niemanden ein Geheimnis, dass ich in Arbeiterzirkeln verkehrte, mit Zettelverteilung und Hauspropaganda Kleinarbeit tat, an Gruppenabenden Vorträge und in öffentlichen Versammlungen Agitationsreden hielt. Ich stand als Angeklagter in politischen Prozessen vor dem Strafrichter, und jeder wußte, dass ich im Privatleben unter Künstlern zigeunerte, in Kabaretts lustige Gedichte, Schüttelreime und allerlei Bosheiten vortrug, mich in Berlin, München, Zürich, Genf, Florenz, Paris, Wien herumtrieb, in fidelen Ateliers, ein Mädel auf dem Schoß, schlechte Witze riß, mit den zeitlosen Schwärmern der Bohème ganze Nächte durch zechte und mit vielen berühmten Leuten, die ich – nicht immer bloß für mich – anpumpte, befreundet war.[26]

In der Tat bot die Boheme, in Deutschland im Jahrzehnt vor dem Ersten Weltkrieg vor allem kultiviert im Münchner Stadtteil Schwabing, die ideale Spielwiese zum Ausleben eines unbedingten Individualismus: ein Leben in Freiheit, erkauft um den Preis der Armut; ein permanenter Akt der Rebellion, symbolisch und konkret, die Daseinsform der ewig Jungen, der kultiviert Leichtsinnigen, der Spötter und der Liebenden. Muße statt Freizeit, Freiwilligkeit statt Verpflichtung, künstlerische Selbstgenügsamkeit statt gesellschaftlicher Effizienz.

Wollte man die Boheme personifizieren, so fiele die Wahl mit einiger Wahrscheinlichkeit auf Erich Mühsam.

Im dreiteiligen Anzug, mit Stock und Zigarre, unverkennbar am bürgerlichen Habitus orientiert, diesen aber zugleich parodierend, indem der Bart wild wuchernd, die Haare zerzaust, der Anzug schlecht sitzend und der Hut völlig deformiert in Szene gesetzt werden. Bürgersohn und Bürgerschreck – in einem Anzug vereint.

Erich Mühsam hat für die eigene Zerrissenheit ein passendes Bild gefunden:

> „Sie reiten stehend auf zwei Gäulen", sagte mir einmal Frank Wedekind, „die nach verschiedenen Richtungen streben; sie werden ihnen die Beine auseinanderreißen." – „Wenn ich einen laufen lasse", erwiderte ich, „verliere ich die Balance und breche mir das Genick."[27]

Obwohl diese „Balance" von außen betrachtet in Mühsams Biographie schwer erkennbar ist und sie sich wahrscheinlich angemessener als schier endlose Kette von Versuchen und Irrtümern darstellen ließe, war sich der Künstler selbst seiner Sache angeblich sehr früh sicher:

---

26 Erich Mühsam, Unpolitische Erinnerungen, Berlin (Ost) 1961, S. 11 f.
27 Ebd., S. 12.

Was meine eigene künstlerische Laufbahn betrifft, so habe ich allerdings Zweifel darüber, wohin ich durch Neigung und Fähigkeit gehöre, niemals kennengelernt. Ich glaube, ich habe Verse gemacht, ehe ich schreiben und lesen konnte. Als Elfjähriger dichtete ich Tierfabeln. [...] Mit siebzehn Jahren flog ich aus dem Lübecker Katharineum heraus, weil ich den Direktor und einige Lehrer in anonymen Berichten an die sozialdemokratische Zeitung bloßgestellt hatte, was die feierliche Bezeichnung „sozialistische Umtriebe" erhielt, und entfaltete, nach einjährigem Besuch des Gymnasiums in Parchim in Mecklenburg in die Vaterstadt zurückgekehrt, als Lehrling der Adler-Apotheke in Gemeinschaft mit meinem Freund, dem damaligen Unterprimaner Curt Siegfried, eine lebhafte Tätigkeit als ungenannter Artikelschreiber für sämtliche Lübecker Tageszeitungen.[28]

Was die eigene Position gegenüber dem „vertrottelten Konventionsdrill der Gesellschaft" anging, so war sich Mühsam seines Außenseitertums durchaus bewusst, ja zelebrierte es geradezu:

Immer wird der Bohémien ein Sonderling sein. [...] Ein Bohémien [ist] ein Mensch, der aus der großen Verzweiflung heraus, mit der Masse der Mitmenschen innerlich nie Fühlung gewinnen zu können – und diese Verzweiflung ist die eigentlichste Künstlernot –, drauf losgeht ins Leben, mit dem Zufall experimentiert, mit dem Augenblick Fangball spielt und der allzeit gegenwärtigen Ewigkeit sich verschwistert.[29]

Auch bei den vielfältigen Versuchen, soziale Utopien nicht nur zu beschreiben, sondern zu leben, fiel Mühsam in der Regel die Rolle des kritischen, nicht selten boshaft-ironischen Beobachters zu. Selten hielt es ihn länger an einem Ort und stets war ihm eine gelungene Pointe, mit der er sich spöttisch von einem Experiment verabschiedete, wichtiger als das Gelingen des Projektes. Ein unsicherer Kantonist, immer für einen Spaß zu haben, um keine Schlagfertigkeit verlegen, zu (fast) jeder Schandtat bereit und – ungeachtet seines Verbalradikalismus – nach Aussagen unterschiedlichster Gewährsleute offenbar ein sprichwörtlich gutherziger Mensch, ein (in den Worten seiner Freunde) „prächtiger" bzw. „famoser Kerl".

Als ein Beispiel von vielen sei hier Mühsams Abstecher auf den Monte Verità erwähnt, wo Mühsam, dem auf dem Weg nach Capri wieder einmal das Geld ausgegangen war, zum ersten Mal 1904 auftauchte und der Gemeinschaft, die sich dort um den Naturheiligenapostel Henri Oedenkoven geschart hatte, ein literarisches Denkmal setzte, über das sich die ihre Idee des Vegetarismus sehr ernst nehmenden Gründer sehr erbosten.

Im Juli 1904 schrieb Mühsam in einem Brief:

Wie Sie sehen, hat mich meine Zigeunerschaft wieder ein Stückchen weiter geführt. Momentan bin ich auf dem Monte Verità (Kanton Tessin) am Lago Maggi-

---

28 Erich Mühsam, Unpolitische Erinnerungen, S. 20 f.
29 Erich Mühsam, Ascona, Zürich 1979, S. 67.

ore, wo ich mit einem malerischen Leinenkostüm angetan, kurzhosig, barfüßig und nackthalsig herumstelze und vegetarisch – d.h. geruch- und geschmackslos – lebe. Dies alles von wegen der Gesundheit.[30]

Und in den *Unpolitischen Erinnerungen* legte er noch einmal nach:

> So wurde ich zu den Rohköstlern gesteckt und mir eine „Lufthütte" als Behausung zugewiesen. Von früh bis spät kaute ich nun Äpfel, Pflaumen, Bananen, Feigen, Wal-, Erd- und Kokosnüsse – es war schauderhaft, und ich fühlte meine Kräfte schwinden. Vierzehn Tage hielt ich's aus, dann ging ich zum Direktor und klagte ihm, dass ich dabei zugrunde gehen müsse. „Oh", sagte der, „das ist nur die Krise, die muss jeder durchmachen." – „Aber", meinte ich, „wenn ich nun die Krise nicht überstehe? Wenn ich dabei auf der Strecke bleibe?" Herr Oedenkoven sah mich streng an: „Das kann ja sein; aber dann ist gar nichts an Ihnen verloren!" Da ging ich ins Dorf hinunter, setzte mich in eine solide Osteria, liess mir ein Beefsteak geben, trank einen halben Liter Wein dazu und rauchte danach eine grosse, dicke Zigarre. Nie hat mir eine Mahlzeit so geschmeckt, nie mich eine so gekräftigt und dem Leben gewonnen.[31]

In solcher Umgebung war „Nolo" Mühsam in seinem Element, fand Material für seine notorische Spottlust. Hier konnte er „die Herrschaften [...] mit ihrem bisschen ‚Weltanschauung', die sich als ‚Individualitäten' aufblasen, während sie doch einander gleichen wie durchgepaust"[32] fröhlich und gehässig der Lächerlichkeit preisgeben.

Political Correctness war Mühsams Sache nicht. Einerlei welches Thema er aufgriff und gegen wen er dabei vom Leder zog, stets beschleicht den Leser der Eindruck, hier nehme einer alles (und nicht zuletzt sich selbst) nicht ganz ernst, sondern erfreue sich an dem Spiel, verbale Bomben unters Volk zu werfen.

Mit Vorliebe schoss Mühsam in Polemik und Pamphlet übers Ziel hinaus und wurde von besonneneren Naturen wie seinem acht Jahre älteren „Mentor" Gustav Landauer zur Ordnung gerufen und zur Mäßigung ermahnt. Landauer ließ es an Kritik gegenüber dem „Schriftstellerkollegen" Mühsam nicht fehlen.

Gleich zu Beginn der Freundschaft hieß es 1901:

> [...] denn Du [...] bist ein famoser Kerl, aber in Sachen der Schriftstellerei bist du ein pfuschender Anfänger, von dem mir nicht sicher ist, ob er eine in Betracht kommende literarische Begabung hat. Ich hätte Dir das viel schonender gesagt, aber wenn ich an eine gewisse Sorte Gutmütigkeit denke, die im Resultat auf

---

30 Brief von Erich Mühsam an Julius Bab vom 25.7.1904, in: Von Ascona bis Eden. Alternative Lebensformen, Lübeck 2006, (Schriften der Erich-Mühsam-Gesellschaft. Heft 27), S. 10.
31 Erich Mühsam, Unpolitische Erinnerungen, S. 125 f.
32 Erich Mühsam, Ascona, S. 36 f.

nichts anderes als Cameraderie hinausläuft, steigt mir der Zorn bis zum Halse hinauf.[33]

Ein anderes Mal:

Dein Gedicht ist recht schwach und stört besonders durch die ganz kindische Verwendung von Gelegenheitsreimen, die ohne jede formale Gebundenheit da auftauchen, wo Dir einer einfiel. Es sitzt Dir immer noch nicht fest genug, eine wie ernste Sache es ums Dichten ist; lässt Dich oft ganz liederlich und haltlos gehen.[34]

Und über einen dramatischen Versuch Mühsams äußerte er:

Ich habe Dein Stück jetzt gelesen. Es ist mir wirklich unangenehm, Dir immer aesthetische Predigten halten zu müssen, die sich verflucht wie Moralpredigten ausnehmen; aber schliesslich muß ich Dein Vertrauen rechtfertigen. Auch dieses Stück ist leider eine dilettantische Pfuscherei und gegen die „Hochstapler" kein Fortschritt.[35]

Umgekehrt sah Mühsam in Landauer den „vielleicht stärksten deutschen Prosaschriftsteller unsrer Zeit"[36].

In Landauer, dem Mühsam sich über alle inhaltlichen Differenzen hinweg eng verbunden fühlte und dessen politisches Erbe er nach Landauers Ermordung zeitweilig anzutreten versuchte, sah Mühsam Eigenschaften verkörpert, die er selbst kaum besaß: politische Analysefähigkeit, Geduld und Beharrlichkeit bei der Verfolgung einmal für richtig erkannter Ziele, Kompromissbereitschaft und Verhandlungsgeschick im Umgang mit Freund und Feind und nicht zuletzt – ein Ruhen in sich selbst.

Lediglich in einem Punkt konstatierte Mühsam einen tiefgreifenden Konflikt, der zwischen den ungleichen Freunden zeitlebens unüberbrückbar gewesen sei: in der weit auseinandergehenden Auffassung über Ehe, Familie, geschlechtliche Ausschließlichkeit, Eifersucht und Promiskuität.

Welche Rolle aber spielte das Judentum in diesem turbulenten Leben? Wie bei etlichen aus der von Isaac Deutscher „nicht-jüdische Juden" genannten Gruppe war die Auseinandersetzung mit seiner deutsch-jüdischen Existenz für Erich Mühsam marginal. Bei einem Selbstverständnis als Künstler und sozialrevolutionärer Bohemien, dessen wichtigster Aufenthaltsort das Caféhaus war, wenig überraschend. Gleichwohl gibt es aufschlussreiche Äußerungen, zum Beispiel

---

33 Brief von Gustav Landauer an Erich Mühsam vom 14.6.1901, in: „Sei tapfer und wachse dich aus." Gustav Landauer im Dialog mit Erich Mühsam. Briefe und Aufsätze, herausgegeben und bearbeitet von Christoph Knüppel, Lübeck 2004 (Schriften der Erich-Mühsam-Gesellschaft. Heft 24), S. 18 f.
34 Brief von Gustav Landauer an Erich Mühsam vom 5.9.1904, in: Ebd., S. 59 f.
35 Brief von Gustav Landauer an Erich Mühsam vom 23.9.1907, in: Ebd., S. 75.
36 Brief von Erich Mühsam an Carl Georg von Maassen vom 29.05.1919, in: In meiner Posaune muß ein Sandkorn sein, Briefe 1900–1934, Bd. 1, S. 329.

1920 in einem Artikel für die *Weltbühne* mit dem Titel *Zur Judenfrage*. Dort bekennt Mühsam gleich zu Beginn, welch untergeordneten Stellenwert das Judentum in seinem Koordinatensystem einnimmt:

> Eigentlich ist es gar nicht meine Sache, mich mit einem Gegenstand zu beschäftigen, der seit langem Monopol der Antisemiten und der Zionisten ist. Wir andern Europäer, ob arischen oder semitischen Stammes, sind, wie mir scheint, darüber einig, dass eine Judenfrage allenfalls rassenpsychologisch oder biologisch, bestenfalls kulturhistorisch interessant sein mag, mit den Geschehnissen der Gegenwart aber kaum etwas zu schaffen hat, es sei denn, dass ihre Aufrollung durch die Antisemiten dazu beiträgt, den Tiefstand des Kulturniveaus noch sinnfälliger zu machen.[37]

Aber nach der Abgrenzung folgt nicht etwa die generelle Absage an das Judentum zugunsten des allumfassenden Kampfes für Humanität, sondern ein Bekenntnis zur eigenen Herkunft:

> Ich bin Jude und werde Jude bleiben, solange ich lebe, habe mein Judentum nie verleugnet und bin nicht einmal aus der jüdischen Religionsgemeinschaft ausgetreten (weil ich dadurch doch nicht aufhören würde, Jude zu sein, und es mir völlig gleichgültig ist, unter welcher Rubrik ich in den Standesregistern des derzeitigen Staats eingetragen bin). Daß ich Jude bin, betrachte ich weder als einen Vorzug noch als einen Mangel; es gehört einfach zu meiner Wesenheit wie mein roter Bart, mein Körpergewicht oder meine Interessen-Veranlagung.[38]

Neben diesem – eigentlich als Relativierung gemeinten – „Bekenntnis" zum Judentum lautet der Kern von Mühsams Argumentation:

> [...] eine Scheidung nach Rassen, Konfessionen, Stammbäumen findet in der sozialen Gliederung der Gesellschaft nicht statt. Jedes Individuum – Christ, Jude oder Heide – stellt sich nach Tradition, Lebenshaltung, Interesse oder Gewissensentscheidung in das eine oder ins andre Lager. Die Mahnung eines reichen Juden an andre Juden, die es mit den Armen halten: Hallo! Ihr gehört zu uns! Wir Juden müssen einig sein! Ihr kompromittiert uns! – ist fauler Zauber. „Wir Juden" haben so viel und so wenig mit einander zu schaffen wie „wir Deutsche", „wir Franzosen", „wir Fahrgäste im selben Omnibus"![39]

In dem erstmals 1932 erschienenen Aufsatz *Die Befreiung der Gesellschaft vom Staat. Was ist kommunistischer Anarchismus?* heißt es allgemeiner:

> Die Haar-, Augen- und Hautfarbe der Vorfahren, die Frage, ob jemand diesseits oder jenseits eines Flusses geboren sei, ob seine Sprache und Lebensform von diesen oder jenen geschichtlichen, geographischen, klimatischen Umständen ges-

---

37 Erich Mühsam, Zur Judenfrage, in: Die Weltbühne, XVI. Jahrgang, 2. Dezember 1920, Nr. 49, S. 643–647, hier S. 643.
38 Ebd., S. 645.
39 Ebd., S. 644.

taltet wurde, kann nur von Machtlüsternen und Machthörigen als Urteilsmaß für Menschenwerte verwendet werden.[40]

Wie seine Äußerungen erkennen lassen, war Mühsam nur denjenigen Facetten jüdischen Lebens gegenüber aufgeschlossen, die mit seinen anarchistischen Ansichten im Einklang standen. Umgekehrt setzte er sich mit der jüdischen Theologie und der jüdischen Gemeinde über die Themen auseinander, die zu seinen Zielen im Widerspruch standen. Mühsams Kritik am Judentum entstammte seiner Ablehnung der Religion im Allgemeinen und des jüdischen Anspruchs, das „auserwählte Volk" zu sein, im Besonderen. Aus seiner Sicht konditionierte der Glaube an einen allmächtigen „Gottvater" die Massen dazu, sich allen Formen von Autorität zu beugen. In Mühsams Worten:

> Es ist das Verhängnis der Juden, daß sie, die die Autorität in ihrer verwegensten Vollkommenheit als höchsten Ausdruck der Lebensgestaltung über die Menschheit gebracht haben, die Wirkungen ihrer Lehren am bittersten spüren müssen. Sie haben den Glauben an den einzigen Allgott, die gottgewollte Vaterautorität und folgerichtig die nationalistische Formel vom auserwählten Volk Gottes in die Welt gesetzt. Wer vom Vaterland spricht, spricht in jüdischer Denkweise, denn er bekennt sich zur Verherrlichung einer, nämlich seiner Nation, er bekennt sich zum auserwählten Volk. Aus diesem Bekenntnis leitet er das Recht ab, andere Völker zu hassen, zu verachten, zu vergewaltigen, und die Juden, ehedem selbst eine in räumlicher Umzäunung zentralistisch organisierte Nation, werden, über alle Länder verstreut, von nationalistisch besessenen Nachfahren ihres Geistes, aber anderen Stammes, als Eindringlinge, Feinde und verächtliche Fremde verfolgt, beschimpft, verleumdet und misshandelt.[41]

Erich Mühsams Einschätzung anderer Juden hing davon ab, ob sie Verbündete oder Feinde im Klassenkampf waren, für ihn gab es eine Klassen-, keine Judenfrage.

Vor diesem Hintergrund lehnte er die Assimilation ab, der „Gedanke, ein Rassenproblem durch das Aufgehenlassen der einen Rasse in die andere lösen zu lassen, kommt mir", so Mühsam bereits 1908, „ganz absurd vor, ganz abgesehen von der technischen Unmöglichkeit, an der ich die Absicht scheitern sehe. Harden[42] übersieht ganz den ungeheuren Wert der jüdischen Rasse als Sauerteig in den verschiedenen Nationalitäten und Kulturen. Er unterschätzt die Fähigkeit, mit der die Juden ihre Rasse allen Schikanen zum Trotz gewahrt haben [...]."[43]

---

40 Erich Mühsam, Die Befreiung der Gesellschaft vom Staat, Berlin (West) 1973, S. 49.
41 Erich Mühsam, Die Befreiung der Gesellschaft vom Staat, S. 48 f.
42 Gemeint ist Maximilian Harden (1861–1927), Herausgeber der Zeitschrift *Die Zukunft*.
43 Erich Mühsam, Die Jagd auf Harden, Berlin 1908, zitiert nach: Chris Hirte, Erich Mühsam und das Judentum, Lübeck 2002 (Schriften der Erich-Mühsam-Gesellschaft. Heft 21), S. 52–70, hier S. 65.

Erich Mühsam hatte die „jüdische Affinität zum Utopismus", die Hannah Arendt bei den Juden der Assimilation feststellte. „Der Paria wird in dem Moment zum Rebell", schreibt Arendt, „wo er handelnd auf die Bühne der Politik tritt".[44]

Der Argumentation Hannah Arendts zufolge war aber der „Idealismus" eines Erich Mühsam ebenso utopisch wie der „Realismus" eines Siegfried Seligmann Mühsam, denn „es gibt keine ‚individuellen Auswege' mehr".

Eine Auffassung, die heute – mehr als sechzig Jahre nach ihrer Niederschrift – derart apodiktisch wohl nicht mehr vertreten würde. Für die Mühsams jedenfalls – für den Parvenu zweifellos in anderer Weise als für den Paria – hatte sich die Suche nach „individuellen Auswege" durchaus gelohnt und manches spricht dafür, dass eine solche Suche heute wieder erheblich zukunftsträchtiger wäre als von Hannah Arendt antizipiert.

---

44 Hannah Arendt, Die verborgene Tradition, S.57.

Sokugayu

Zur Aktualität Erich Mühsams

Versuch einer Erläuterung unseres Ansinnens, Erich Mühsam heute wieder Gehör zu verschaffen

Wie alles losging

Die Hamburger Ortsgruppe der *Freien Arbeiterinnen und Arbeiter Union* (FAU) hatte 2004 die Idee, den Vorabend des 70. Jahrestages der Ermordung Erich Mühsams mit einem zünftigen bayrischen Kneipenabend zu begehen. Es sollte nicht nur Bier, Brezeln und Radi, sondern in irgendwelcher Form auch Erich Mühsams Lebenswerk geboten werden.

In den Räumlichkeiten der FAU-Hamburg traf sich zu der Zeit auch die sog. „Anti-Hartz-Gruppe", ein offener Zusammenschluss von Erwerbslosen bzw. von Erwerbslosigkeit Bedrohten, die Informationsarbeit bezüglich der sog. Arbeitsmarktreformen und Gesetzesänderungen leistete. Als Zusammenschluss von unmittelbar Betroffenen einer Problematik, die in der gesamten bürgerlichen Presse und sogar darüber hinaus völlig verdreht von der Regierung propagiert wurde und wird, versuchte die „Anti-Hartz-Gruppe" eine Gegenöffentlichkeit herzustellen. Zu verschiedenen Machenschaften der Administration der Herrschenden und ihrer Gedungenen wurde nicht nur referiert, sondern es wurden auch Protestaktionen durchgeführt.

Mehr oder weniger zufällig waren in der „Anti-Hartz-Gruppe" auch etliche brotlose KünstlerInnen organisiert, und so lag die Idee nahe, einige von Erich Mühsams Gedichten neu zu vertonen. Die vier daran beteiligten MusikerInnen waren alle aus der sog. „Anti-Hartz-Gruppe". Der Kneipenabend anlässlich des 70. Jahrestages der Ermordung Erich Mühsams konnte so mit Live-Darbietungen in Form von Lesungen und Musik begonnen und mit Radi, Brezeln und viel Bier zünftig beendet werden.

Das war im Sommer 2004. Im Herbst desselben Jahres wurde durch einen puren Zufall einer der vier MusikerInnen als verdeckter Ermittler des Verfassungsschutzes enttarnt. Der Herr hatte sich nicht nur das Vertrauen der FAU und der „Anti-Hartz-Gruppe" erschlichen, sondern benutzte diese Gruppen auch als Sprungbrett in weitere politische Zusammenhänge der Hamburger Linken.

Neben dem erheblichen politischen Schaden, den ein Spion anrichten kann, fühlten wir uns als MusikerInnen in ganz besonderer Weise benutzt und besudelt. Unsere privaten Wohnungen, Proberäume, besonders aber auch unsere emotio-

nalen Eigenheiten, ohne deren Offenlegung im Probenprozess Musik schlechterdings nicht entstehen kann, waren schnöde ausspioniert worden.[1]
Soweit wir das heute wissen können, hat Erich Mühsam nicht nur erhebliche Zeit seines kurzen Lebens im Gefängnis verbracht, sondern auch er hatte sonst meistens mit irgendeinem offen agierenden Schutzmann und sicher auch mit dem einen oder anderen verdeckt operierenden Schergen zu tun.[2] Dies hat ihn nicht davon abgehalten, seine politische Arbeit als Schriftsteller und als praktischer Kämpfer fortzusetzen. Also haben auch wir unsere Arbeit mit seinen Texten fortgesetzt.

Zu den Vertonungen der Texte

Inzwischen würden wir alleine mit unseren Vertonungen ausgewählter Lyrik Erich Mühsams einen Konzertabend füllen können.[3] Nicht zuletzt die Aufführungspraxis hat jedoch gezeigt, dass es viel sinniger ist, die vertonte Lyrik nicht alleine stehenzulassen. Auch personell haben wir uns gewandelt: Von den ursprünglich vier MusikerInnen inkl. Verfassungsschützer konnten die drei Verbliebenen zwischenzeitlich bis zu zwei Mitstreiter gewinnen. Heute ist nur noch das Duo Sokugayu übrig, das sich lange vor und neben der Arbeit mit Erich Mühsams Texten vornehmlich der frei improvisierten Musik verschrieben hat und außerdem mit eigenständigen Interpretationen jiddischer und jüdischer Musik auftritt.

Trotz der wechselnden personellen und instrumentalen Besetzungen[4] blieb und bleibt bei allen Vertonungen der Kerngedanke, nicht die Texte Erich Mühsams zu benutzen, um vermeintlich bahnbrechende musikalische Ideen zu verwirklichen, sondern die Texte zu vertonen, um sie zu bedienen, also die Aussage des jeweiligen Textes zu unterstützen. Im Widerspruch zu Erich Mühsams eigenen Ideen steht das sicher nicht.[5]

Ausgehend davon, dass Mühsam selbst ganz klassische, gewissermaßen biedere Versmaße für seine Gedichte wählte, lag die Idee nahe, einfach Melodien deut-

---

1 Es handelt sich um den Polizisten Kristian Krumbeck, der im Auftrage des Verfassungsschutzes unter dem Pseudonym Christian Trott seit November 2003 bis zu seiner zufälligen Enttarnung im Oktober 2004 als verdeckter Ermittler diverse politische und soziale Zusammenhänge in Hamburg ausspioniert hat. Hierzu: „Verdeckter Ermittler soll Studenten ausgespäht haben", in: Die Welt vom 18.11.04; „Der falsche Trott", in: Die Tageszeitung vom 18.11.04; „Spitzel von der Polizei?", in: Jungle World 51 vom 8.12.04.
2 G. Gerstenberg (Hrsg.): „Erich Mühsam – Wir geben nicht auf!", München 2003, S. 16 ff.; Chris Hirte (Hrsg.): Erich Mühsam, Tagebücher 1910–1924, München 1994, S. 183.
3 Sokugayu „Sich fügen heißt lügen!", CD 2006/07, Hamburg, Selbstverlag.
4 Zuerst Stimmen, Gitarre, Saxofon, Melodika, Percussion und Schlagzeug, später Stimmen, Gitarren, Bass, Saxofon, Melodika, Percusison und schließlich Stimmen, Gitarren, Saxofon, Melodika, Percussion.
5 Gregor Hause: Erich Mühsam, sein Musikverständnis und die Verbreitung seiner Lieder, in: Schriften der Erich-Mühsam-Gesellschaft, Heft 8, Lübeck 1995, S. 32.

scher Volkslieder für deren Vertonung zu benutzen. So haben wir die „Mahnung der Gefallenen" auf die Melodie von „Guter Mond, Du gehst so stille" gesetzt und für die Vertonung der Ballade „Amanda" die einfachen Melodien zweier Küchenlieder benutzt. Natürlich illustrieren wir und schmücken hier und da aus: Für die „Mahnung der Gefallenen" wird somnambul die Melodie nicht immer ganz „richtig" intoniert, und das wichtigste Instrument ist hier sicher das „Händchen" (ein Plastikrohr mit aufgesetztem Plastikhändchen, das innen eine bewegliche Pfeife hat, die beim Drehen des Rohres einen jämmerlich klagenden Ton von sich gibt). Das Händchen wird am Ende der ersten Strophe („... und dass die Faust, die uns erschlug, Euch drückt") mit Klagelaut gesenkt und am Ende der zweiten („... und warum reißt kein junger, kein starker Arm ihn zur Empörung hoch?") wiederum mit Klagelaut gehoben.

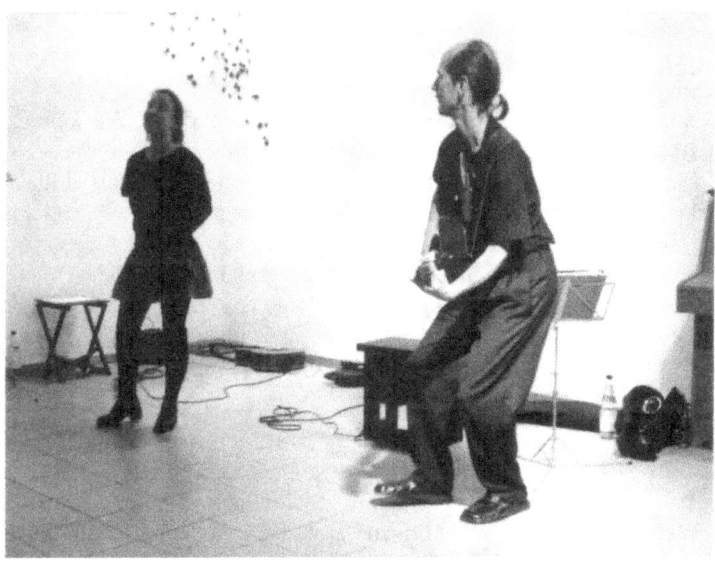

Die Vertonung des Textes „Lied der Jungen" stellt sich etwas komplexer dar: Dass jede Strophe von einem militärischen Trommelwirbel eingeleitet wird, war ursprünglich die Idee unseres „persönlichen" Verfassungsschützers, der diesen auch versiert und knackig auf der Snare-Drum zu spielen verstand. Ein Saxofon vermag eine Fanfare zu parodieren, und tatsächlich ist der Text ja auch in erster Linie agitatorisch. Die vier Strophen des Textes sind dann sinngemäß auf die Melodie von „Sah ein Knab ein Röslein stehn" gesetzt. Das Gedicht endet polemisch mit der Zeile: „... die Freiheit ist des Kampfes Preis!", und das ist dann der Moment, wo die Freiheit sich auch musikalisch Bahn brechen will und muss: Der Trommelwirbel wird zerstört, die Fanfare überschlägt sich etc. Seit wir – glücklicherweise mangels Verfassungsschützer – noch mehr auf die aktive Unterstützung unseres Publikums – alleine schon für den Trommelwirbel – angewiesen sind, macht die Schlussimprovisation mit allen zusammen umso viel mehr Spaß!

Für die selbsterdachten Vertonungen gilt ebenfalls die Maxime: „Den Texten, wonach die Texte verlangen!" Wie Erich Mühsam sich wiederholt von den sog. „Ästhetizisten" humorvoll abgrenzte,[6] so halten wir es auch mit der Großform der Kompositionen. Im Gegensatz zu unseren Experimenten mit frei improvisierter Musik wollen wir hier keine Hörgewohnheiten musikalischer Art durchbrechen; Denkgewohnheiten durchbrechen Erich Mühsams Texte schon selbst, und auch sie bedienen sich größtenteils ganz konventioneller Formen, um die Inhalte zu transportieren.

Und heute? Zur Aktualität Erich Mühsams

Wir waren selbst zu Erich Mühsams Zeiten noch nicht dabei. Wir können heute durch (u.a. seine eigenen) Aufzeichnungen vermittelte Eindrücke gewinnen. Diese Eindrücke wurden eben nicht selbst erlebt, wir können uns aufgrund von Mühsams Aufzeichnungen – bestenfalls abgeglichen mit den Aufzeichnungen anderer ZeitgenossInnen Mühsams – ein Bild machen. Und auch hier wieder die durchgängige Problematik: damals wie heute haben eben die wenigsten geschrieben, und selbst wenn, stellt sich die Frage des Verlages und der Verbreitung. Die Geschichtsschreibung war und ist – sowohl zwischen den Klassen als auch zwischen den Geschlechtern etc. – nicht auf politische und soziale Gleichheit gerichtet.

Was wir heute selber erfahren, ist unbestrittenerweise völlig subjektiv. Genau darauf wäre unseres Erachtens zu vertrauen. Und darauf legen wir mit unserem veränderbaren Erich-Mühsam-Programm „Sich fügen heißt lügen!" den größten Wert. Wenn wir in vielen Fällen davon ausgehen müssen, ein Publikum zu erreichen, dem der Name Erich Mühsam wenig bis nichts sagt, wird der Bogen des Programms mithilfe vieler Lesungen (vor allem aus seinen eigenen „Unpolitischen Erinnerungen" und aus „Die Befreiung der Gesellschaft vom Staat"[7]) etwas weiter und allgemeiner gespannt. Es ist uns aber ein großes Anliegen, Erich Mühsams Texte in Beziehung zu setzen zu dem, was uns heute ganz spürbar selbst betrifft. In unsere letzten Aufführungen fanden daher Lesungen von Tex-

---

6 Erich Mühsam: Unpolitische Erinnerungen, Hamburg 1999, S. 82 ff.
7 Erich Mühsam: Die Befreiung der Gesellschaft vom Staat, Fanal-Sonderheft, Berlin 1933.

ten Mumia Abu-Jamals[8] Eingang, da uns die Parallele zum Fall von Sacco und Vanzetti zu Mühsams Zeiten auf der Hand zu liegen scheint.

In einer Zeit und an einem Ort, wo das „größte Schiff" und das „größte Flugzeug" geradezu andachtsvoll bestaunt wird, während gleichzeitig immer mehr Menschen an der Armut sterben und zum Zwecke der „Sicherheit"[9] gestorben werden, ist unseres Erachtens eine Parabel wie „Seenot" nicht nur hochaktuell, sondern in hervorragender Weise sinnlich nachvollziehbar.

In Zeiten struktureller Erwerbslosigkeit, in denen deutsche Politiker die Maxime verbreiten: „Wer nicht arbeitet, soll auch nicht essen!", in denen Menschen genötigt werden, jedwede Arbeit anzunehmen und in denen folglich das Militär Massenaushebungen vermittelt durch deutsche Arbeitsämter vornimmt, in diesen Zeiten moderner Kreuzzüge bleibt Mühsams „Kriegslied" aktuell.

In solchen Zeiten, in denen hierzulande Erwerbslose aus der offiziellen Erwerbslosenstatistik staatlicherseits in sog. „Maßnahmen" und in sog. „Aktivjobs" für ca. 1 Euro pro Stunde gezwungen werden, während sich die FaschistInnen nicht nur in deutschen Parlamenten, sondern vor allem auf der Straße wieder – wohlbehütet durch deutsche PolizistInnen und RichterInnen – breitmachen, freuen wir uns, einen Text wie „Überschwemmung" neu zu Gehör bringen zu können. Das kurze Gedicht „Entlarvung" von 1915 bleibt brandaktuell und in seiner Radikalität und Präzision fast 100 Jahre nach dem ersten Weltkrieg beachtlich.

Aber auch und besonders der Humor und die Hoffnung, die im gleichnamigen Gedicht, aber auch im „Spruch", im „Lied der Jungen", im „Weckruf", im „Generalstreikslied", im „Gefangenen" und schließlich sogar in der „Mahnung der Gefallenen" zum Ausdruck kommen, verdienen, gerade in trüben Zeiten und gerade, wenn sie eben heute immer noch aktuell sein müssen, die stetige und unbeirrbare Wiederaufführung. Nicht zuletzt Erich Mühsams eigenes Leben und schließlich seine feige Ermordung in KZ-Haft durch die deutschen FaschistInnen, die stümperhaft als „Selbstmord" inszeniert wurde, erinnert an aktuellere, besser inszenierte sog. „Selbstmorde".

Erich Mühsam hat viel Zeit seines Lebens in Gefängnissen verbringen müssen. Das „Gefängnis im Kopf", das durch Repression, Bespitzelung, Horrorgeschichten und also durch die reale Angst, die du, besonders als RevolutionärIn hierzulande bereits zu Mühsams Zeiten genau wie heute selbst entwickeln sollst, hat Erich Mühsam wenigstens bei sich selbst nie zugelassen. Und auch das Märchen, dass du dich als KünstlerIn nicht als RevolutionärIn bzw. dass du dich als RevolutionärIn nicht als KünstlerIn betätigen dürftest oder könntest, hat er eindrucksvoll widerlegt.

---

8 Mumia Abu-Jamal: ... aus der Todeszelle, Bremen 1995.
9 Zur Regulationstheorie in dem Artikel „Wahlverwandtschaften in Herrschaftszeiten", in: Zeck Nr. 144, Hamburg, Mai/Juni 2008.

Sein Gedicht „Der Tote" endet mit den Zeilen:
>Kämpft, oh kämpft, und nützt die Zeit
>zu der Menschheit Glücke!
>Fällt ein Mann, so steht bereit:
>Vorwärts! Schließt die Lücke!
>Wollt ihr denen Gutes tun,
>die der Tod getroffen,
>Menschen, lasst die Toten ruhn
>Und erfüllt ihr Hoffen![10]

In diesem Sinne!

---

10 Erich Mühsam: Aus Dur wird Moll, aus Haben Soll, Erftstadt 2005, S. 442.

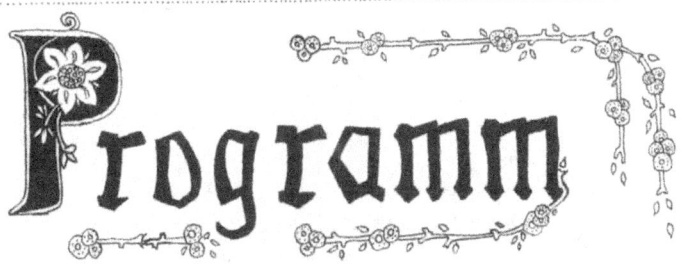

Programm

Sich fügen heißt lügen. Hifferischer Rückblick zur Aktualität von Erich Mühsam

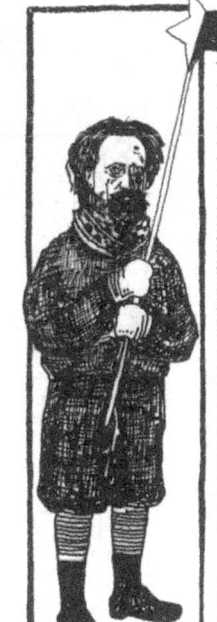

Testament/Geistig 7 (Mühsam/Luzibär)
Move = Bewegung (Heise)
Weckruf
Generalstreiklied
Revolution ist eine ernste Angelegenheit
Spruch
Kriegslied
Bingo ! (Lützow)
Entlarvung
Überschwemmung
Oberammer-Gaudi
Ist es nicht seltsam ? (Abu Jamal)
Hoffnung
Amanda
Sacco + Vanzetti
Zum Hofgang ! (Abu Jamal)
Der Gefangene

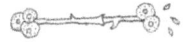

Texte soweit nicht anders angegeben **von Erich Mühsam**,
vertont, gesungen, geschrien, gesprochen und gespielt
von **Sokugayu** (Kontakt : 040 - 43216069)

Jürgen-Wolfgang Goette

Bücherverbrennung vor 75 Jahren in Lübeck
Zur Erinnerung ein „Brandfleck" vor dem Buddenbrookhaus

„Aufbruch des deutschen Geistes. Feierliche Verbrennung undeutscher Schriften". So kündigt der Lübecker Generalanzeiger am 10.5.1933 die an diesem Tag stattfindende zentrale Veranstaltung der Bücherverbrennung in Berlin (auf dem Platz vor der Oper) an. Und er weist auch auf die am selben Tag in Kiel stattfindende Veranstaltung (auf dem Wilhelmplatz) hin. Außerdem erscheint ein Artikel und ein Foto zur „Säuberung" der Lübecker Gewerkschaftsbibliothek.

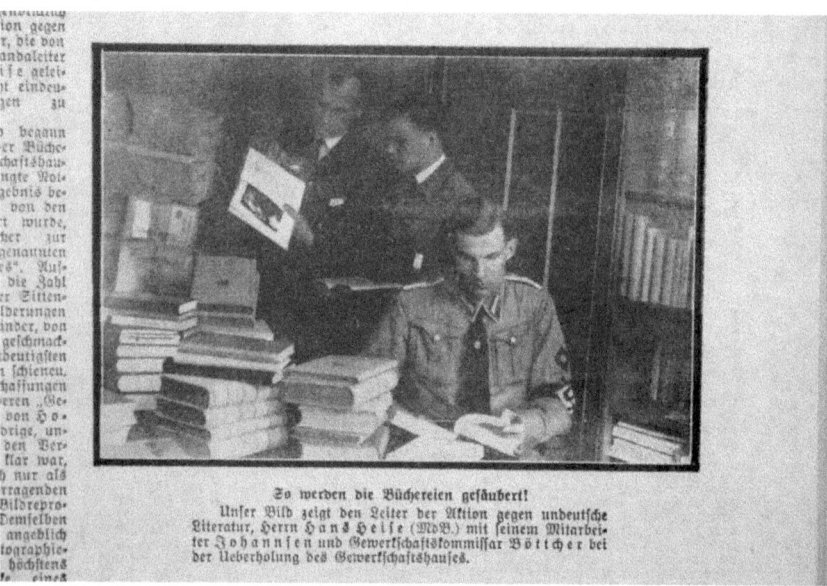

Am 11.5. wird dann ausführlich über die Berliner Veranstaltung berichtet: „Studenten verbrennen undeutsches Schrifttum. Feierlicher Akt vor der Berliner Universität".

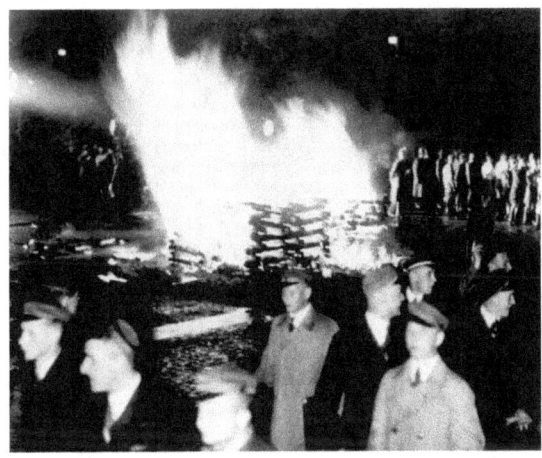

Bücherverbrennung am 10.5.1933 in Berlin

Lübecker Schwarze Liste

Schon 4 Tage vor dieser Bücherverbrennung erschien im Lübecker General-Anzeiger eine „Liste undeutscher Literaten", die der Kreispropagandaleiter der NSDAP und Bürgerschaftsmitglied Hans Heise erstellt hat, wobei er auf andere im Reich kursierende Listen zurückgreifen konnte. Einleitend schreibt er:

> Im weiteren Verfolg meines Aufrufs zur *Sammlungs- und Vernichtungsaktion der volkszersetzenden Literatur* veröffentliche ich anschließend einige der hauptsächlichsten [!] Schriftsteller, die die Träger der nationalen Revolution ablehnen. [Siehe Lübecker „Schwarze Liste"] Abgelehnt werden weiter die unter marxistisch-bolschewistischem Einfluss stehenden Magazine und Schriften der Nacktkultur-Bewegung. […] Ich hoffe, dass sich jeder Lübecker der *Bedeutung der nationalen und geistigen Revolution* des deutschen Volkes bewusst ist und mithilft, die bisherigen Giftherde zu vernichten.

Am 14.5. folgt unter der Überschrift „Bücher am Pranger – Vernichtungsaktion gegen undeutsche Literatur" eine Fortsetzung der Liste.

Heises zentrale Aussage lautet: „Das Interesse des deutschen Volkes und die Sorge um das Schicksal der deutschen Jugend, der kommenden Generation kennt keine Kompromisse!" Und er schreibt weiter: „Aus diesem Grunde lehnen wir beispielsweise auch den Lübecker Schriftsteller Thomas Mann ab." Es fällt auf, dass hier in Lübeck der Name Thomas Mann auf der Liste erscheint, während er auf den Listen des Reichs meist nicht vorkommt. Allerdings fügt Heise hinzu, dass einige Bücher Thomas Manns „geduldet" werden könnten. Bemerkenswert ist, dass Heise lebende und tote, in- und ausländische, literarische, philosophische und politische Schriftsteller wild durcheinander mischt.

Lübecker „Schwarze Liste" 1933
1. Teil (6.5.1933)

Max Adler
Käthe Asch
Nathan Asch
Schalom Asch
Siegfried Aufhäuser
Henri Barbusse
August Bebel
Eduard Bernstein
N. Bucharin
Bertol(t) Brecht
Kasimir Edschmid
Albert Ehrenstein
Erkelen
Lion Feuchtwanger
F. W. Forster
Bruno Frank
E. J. Gumbel
Dr. Rud. Hilfferding
Walter Hasenclever
Magnus Hirschfeld
Arthur Holitscher
Max Hodann
Erich Kästner
Karl Kautsky
Siegfried Kracauer
A. Kurcella (richtig: Kurella)
Egon Erwin Kisch
B. B. Lindsey
Peter Lampel
G. Landauer

Emil Lindwig-(Cohn)
Klaus Mann
Heinrich Mann
Thomas Mann
Fr. Mehring
Kurt Pinthus
Hugo Preuß
Alfred Schirokauer
Arthur Schnitzler
Frhr. von Schönaich
Upton Sinclair
Sinowjew
B. Suttner
Adrienne Thomas
Ernst Toller
Kurt Tucholsky
Th. H. van der Velde
Jakob Wassermann
Franz Werfel
Arnold Zweig
Stephan Zweig
Nur zu Studienzwecken:
Ferdinand Lassalle
Lenin
Karl Liebknecht
Karl Marx
Walther Rathenau
Stalin
Trotzky-Bronstein

Lübecker „Schwarze Liste" 1933

2. Teil (14.5.1933)

Waldemar Bonsels: alles (außer: *Biene Maja; Himmelsvolk*)
Braune: *Mädchen an der Orga-Privat*
Breitbach: *Rot gegen Rot*
Anita Brück: *Schicksale hinter Schreibmaschinen*
Alfred Döblin: alles (außer: *Wallenstein*)
Kasimir Edschmid: alles (außer: *Timmer; Die 6 Mündigen*)
Hermann Essig
Felden: *Eines Menschen Weg*
Leonhard Franck (richtig: Frank): alles (außer: *Räuberbande; Ochsenfurter Männerquartett*)
Maxim Gorki: *Der Spitzel; Märchen der Wirklichkeit; Eine Beichte; Wie ein Mensch geboren ward; Das blaue Leben*)
Oskar Maria Graf: alles (außer: *Wunderbare Menschen; Kalendergeschichten*)
Georg Hermann: *Kubinke; Schnee; Die Nacht des Dr. Herzfeld*)
Hirsch: *Vorbestraft*
Hofbauer: *Der Marsch ins Chaos*
Hoffmann: *Frontsoldaten*
Albert Hotopp
Johannssen: *Vier von der Infanterie*
Paul Kellermann: *Der 9. November*
Kesten
Alfred Kerr
Kurt Kläber
Koeppen: *Heeresbericht*
Kurtzig: *Dorfjuden*
Peter Lampel: *Verratene Jungen*
Leitner: *Hotel Amerika*
Lewinsohn: *Das Erbe im Blut*
Robert Neumann: alles (außer: *Mit fremden Federn*)
Erich Maria Remarque
Ludwig Renn: *Nachkrieg*
Ringelnatz
Toni Sender
Schäffer: *Elli oder die sieben Treppen*
Tetzner: *Hans Uriatn* (richtig: Urian)
Bruno (richtig: B.) Traven: *Regierung; Der Karren*
Ulitz: *Ararat; Worbs; Testament*
Fritz von Unruh: alles (außer: *Offiziere; Louis Ferdinand*)
Wöhrle: *Querschläger*
Siegfried Aufhäuser: *Weltkrieg und Angestelltenbewegung* usw.
L. Bauer: *Morgen wieder Krieg*
Friedrich Engels
W. Götz: *Deutsche Demokratie*
Paul Kampfmeyer
Helen Keller: *Wie ich Sozialistin wurde*
Siegfried Kracauer: *Die Angestellten*
Al. Kurella: *Mussoloni ohne Maske*
BB. Lindsay (richtig: Lindsey): *Kameradschaftsehe*
Urbantschitsch: *Die Probeehe*
Fritz Naphtali: *Wirtschaftsdemokratie*

Bücherverbrennung in Lübeck

Am 25.5. wird auf die geplante Bücherverbrennung in Lübeck aufmerksam gemacht – mit der Überschrift: „Morgen Verbrennung der undeutschen Literatur". Dort heißt es:

> Morgen abend um 8,30 findet auf dem Buniamshof die Verbrennung der gesammelten undeutschen Literatur statt. Sämtliche nationalen Verbände, Jugend-Organisationen, Schulen usw. werden gebeten, sich zahlreich an dieser Kundgebung zu beteiligen. Es liegt ein besonderer Sinn darin, dass dieser Akt gerade am Todestage unseres Vorkämpfers Schlageter vollzogen wird. Wir erwarten, dass die Bevölkerung sich zahlreich an dieser Kundgebung beteiligt, die mit einer Feuerrede eingeleitet wird, von Chören und Sprechchören der Hitler-Jugend und Vorträgen der Standartenkapelle 162 umrahmt wird. Bis Freitag vormittag besteht noch die Möglichkeit, Bücher in die Kreispropaganda-Abteilung Schüsselbuden 2, I, abzugeben, andernfalls abends auf dem Buniamshof. [Schlageter beteiligte sich an Sabotageaktionen gegen die französische Besatzung und wurde von einem französischen Kriegsgericht zum Tode verurteilt und am 25.3.1923 hingerichtet.]

Der Lübecker General-Anzeiger geht am 27.5. ausführlich auf die Gedenkfeiern zu Ehren Schlageters ein und schließt mit einem Bericht über die Bücherverbrennung:

> Daraufhin zog alles geschlossen mit Musik zum Buniamshof, wo die undeutschen Schriften und Bücher verbrannt wurden. Tausende schlossen sich an und Tausende warteten bereits auf dem Platze, wo Studienrat Schmiedel das Wort ergriff und den undeutschen Geist anprangerte. Unter dem Jubel der begeisterten Massen – die Jugend Lübecks war wohl fast vollzählig erschienen! – wurde der große Stoß angezündet.

Der relativ späte Termin erklärt sich wohl daher, dass die Bücherverbrennungen maßgeblich von Studenten getragen wurden. Lübeck war damals nicht Universitätsstadt, „hängte" sich aber doch an die Aktion an. Manche Aktivisten versprachen sich vermutlich Karrierevorteile.

Interessant ist, dass die Stadtbibliothek und die Öffentliche Bücherei 1933 von „Ausmerzungen" durch Verbrennen verschont geblieben sind. Nach Auskunft des Bibliotheksleiters Hatscher hat es allerdings ab 1934 einen „Giftschrank" gegeben, in dem unliebsame Literatur verschlossen wurde; im Laufe der Jahre seien ca. 2000 Bände der Öffentlichkeit vorenthalten worden. Erst 1946 habe dann die Britische Militärverwaltung angeordnet, diese Bücher wieder für die Öffentlichkeit bereitzuhalten.

Die Schwarze Liste erweist sich in Wirklichkeit als „Ehrenliste". Es ist eine Liste empfehlenswerter Literatur. Oskar Maria Graf, dessen Werke – offensichtlich irrtümlich – auf einer „Weißen Liste" genannt wurden, fragte: „Womit habe ich diese Schmach verdient?" Er verlangte in einem österreichischen Zeitungsartikel: „Verbrennt mich!":

Diese Unehre habe ich nicht verdient! Nach meinem ganzen Leben und nach meinem ganzen Schreiben habe ich das Recht, zu verlangen, dass meine Bücher der reinen Flamme des Scheiterhaufens überantwortet werden und nicht in die blutigen Hände und die verdorbenen Hirne der braunen Mordbande gelangen. Verbrennt die Werke des deutschen Geistes! Er selber wird unauslöschlich sein wie eure Schmach!

Literatur auf der Straße

Zur Erinnerung an die Bücherverbrennung in Lübeck am 26.5.1933 fand aus Anlass des 75. Jahrestages vor dem Buddenbrookhaus eine von der Erich-Mühsam-Gesellschaft organisierte Erinnerungsveranstaltung statt. Zwar war der Ort der Bücherverbrennung 1933 der abseits gelegene Buniamshof, ein Sportplatz. Das Buddenbrookhaus als Ort der Gedenkfeier wurde gewählt, weil es heute „Heimstätte" von drei im 3. Reich verfolgten Lübecker Schriftstellern ist: Thomas Mann, Heinrich Mann und Erich Mühsam. Die Thomas-Mann-Gesellschaft, die Heinrich-Mann-Gesellschaft, der Förderverein Buddenbrookhaus und das Buddenbrookhaus unterstützten die Veranstaltung. Der Münchner Aktionskünstler Wolfram Kastner brachte auf dem Gehweg einen symbolischen Brandfleck an und schrieb in weißer Farbe auf das Pflaster den berühmten Heine-Spruch: „Dort wo man Bücher verbrennt, verbrennt man auch am Ende Menschen." Der schwarze Fleck soll auf das Schicksal der Lübecker Schriftsteller wie auch anderer Autoren im 3. Reich aufmerksam machen. Im Buddenbrookhaus ist die Geschäftsstelle der genannten Gesellschaften und des Fördervereins angesiedelt.

Im Anschluss daran lasen viele Schüler und Schülerinnen (vom Katharineum, von der Ernestinenschule, von der Holstentor-Realschule und von der Willy-Brandt-Gesamtschule), verschiedene Funktionsträger (u.a. der Bürgermeister Saxe, die Direktorin der Gemeinnützigen Peters-Hirt, die stellvertretende Pröpstin Kallies, der Bibliotheksdirektor Hatscher, der Leiter des Willy-Brandt-Hauses Lillthaler, der Leiter des Stadtarchivs Lokers und die Kultursenatorin Borns) und andere Lesefreudige. Insgesamt wurden über 60 Texte verbotener und „verbrannter Dichter" im 3-bis-5-Minuten-Takt vorgelesen. Besonders beliebt waren Texte von Erich Kästner und Heinrich Mann. Die Mengstraße wurde für 3 Stunden zu einer Literaturstraße. Insgesamt dürften mehrere hundert Leute zeitweilig zugehört haben.

Prophetisch hatte schon Heinrich Heine 1820 gedichtet: „Dort wo man Bücher verbrennt, verbrennt man auch am Ende Menschen." Thomas Mann wurde, wie oben schon erwähnt, auf der Lübecker „Schwarzen Liste" als undeutsch eingestuft. Und wenn er sich nicht ins Exil begeben hätte, wäre er ins KZ gekommen. Der Haftbefehl ist überliefert. Heinrich Manns Bücher wurden in Berlin unter Namensnennung ins Feuer geworfen: „Gegen Dekadenz und moralischen Verfall! Für Zucht und Sitte in Familie und Staat! Ich übergebe der Flamme die Schriften von Heinrich Mann, Ernst Gläser und Erich Kästner." In Lübeck stand er ebenfalls auf der Liste. Er konnte sein Leben nur durch die Flucht retten. Erich Mühsam fehlt in der Lübecker Liste; aber nachweislich wurden seine Bücher z.B. in München verbrannt. Er hatte auch emigrieren wollen. Aber die Gestapo kam ihm zuvor; er wurde am 28.2.1933 verhaftet und am 9. Juli 1934 im KZ Oranienburg von SS-Leuten ermordet. An sein Schicksal erinnert ein Stolperstein vor dem Buddenbrookhaus.

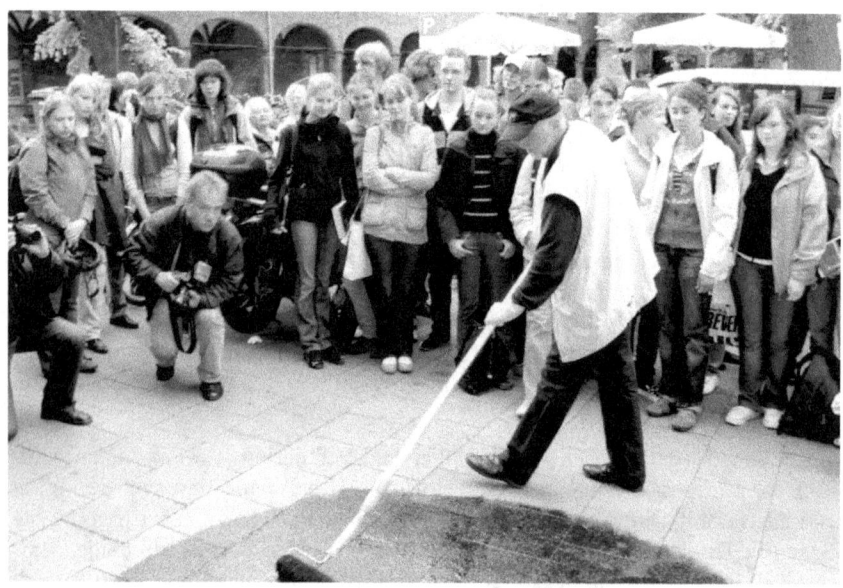

Wolfram Kastner erstellt den Brandfleck

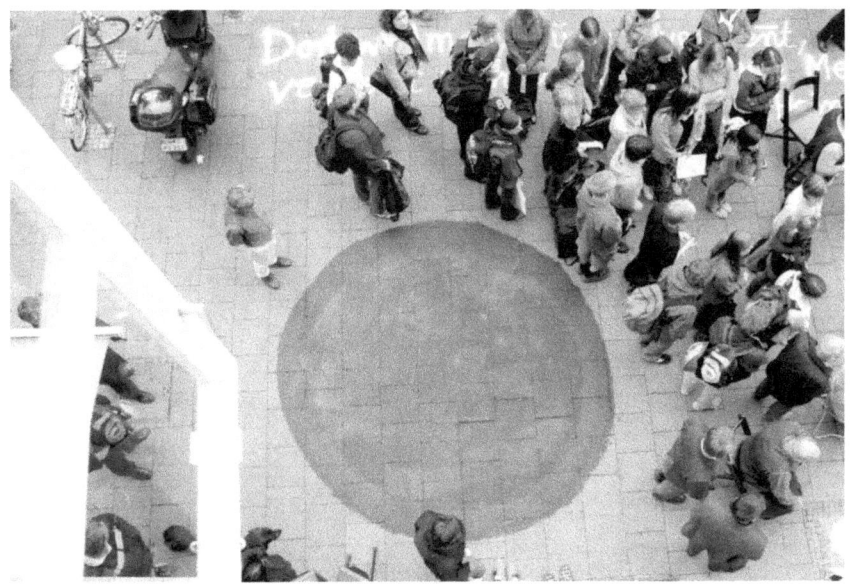

Brandfleck

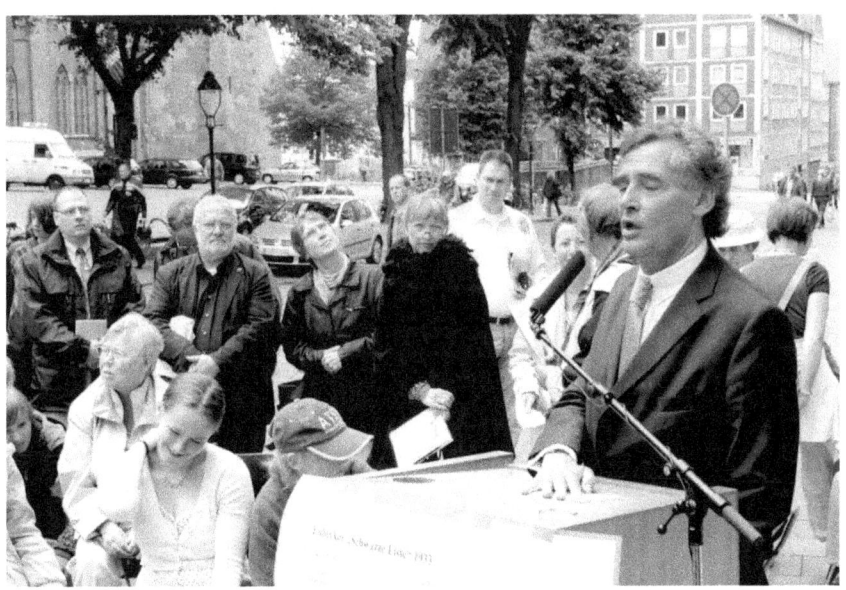

Bürgermeister Bernd Saxe eröffnet die Gedenkfeier

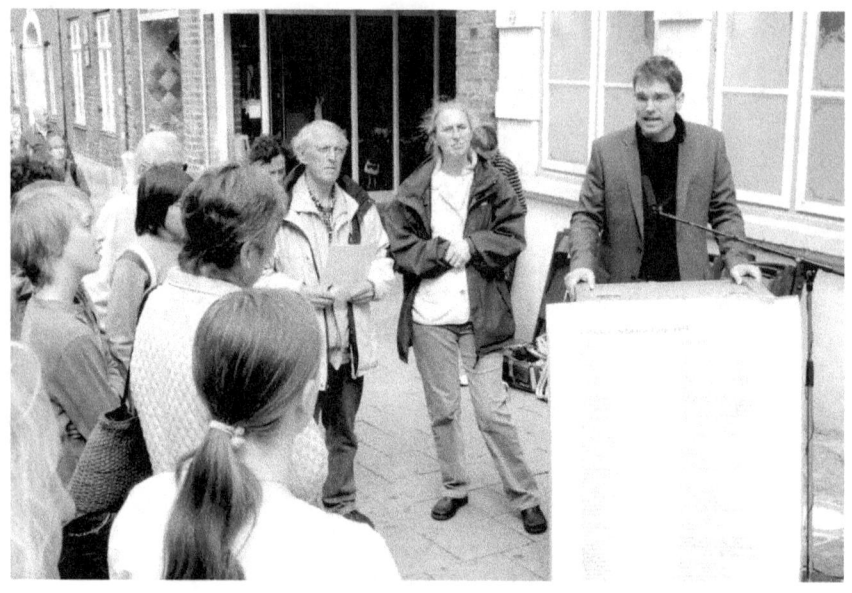

Der Leiter des Buddenbrookhauses Michael Grisco spricht ein Grußwort

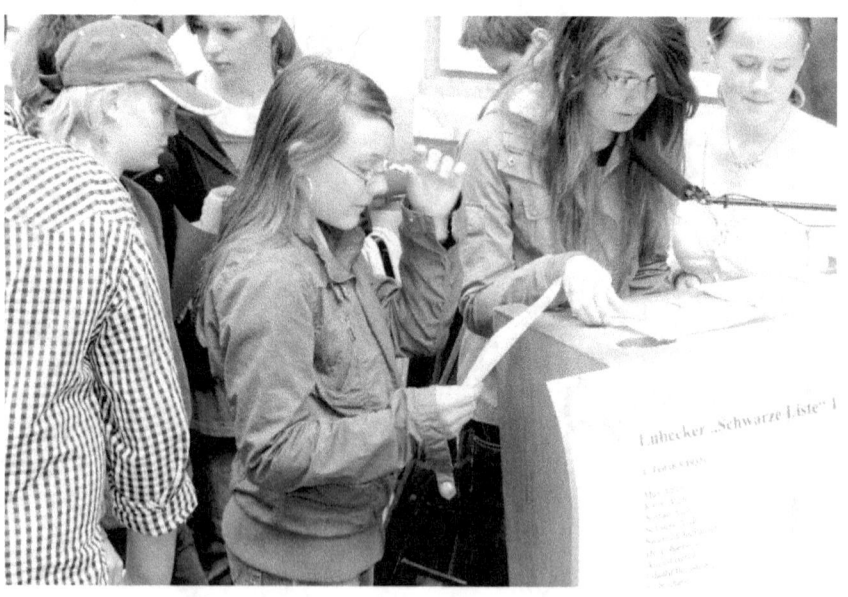

Schüler und Schülerinnen lesen

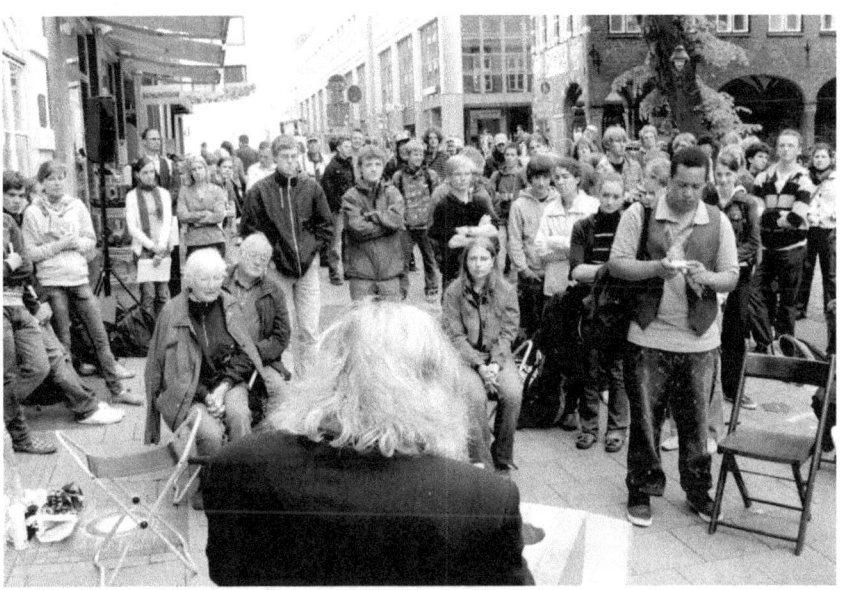

Der Schriftsteller Klaus Rainer Goll liest

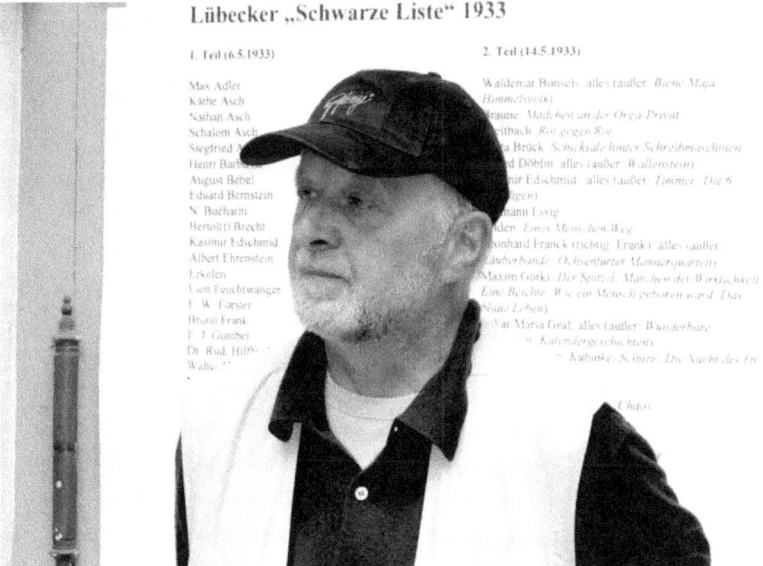

Wolfram Kastner vor der Lübecker Schwarzen Liste

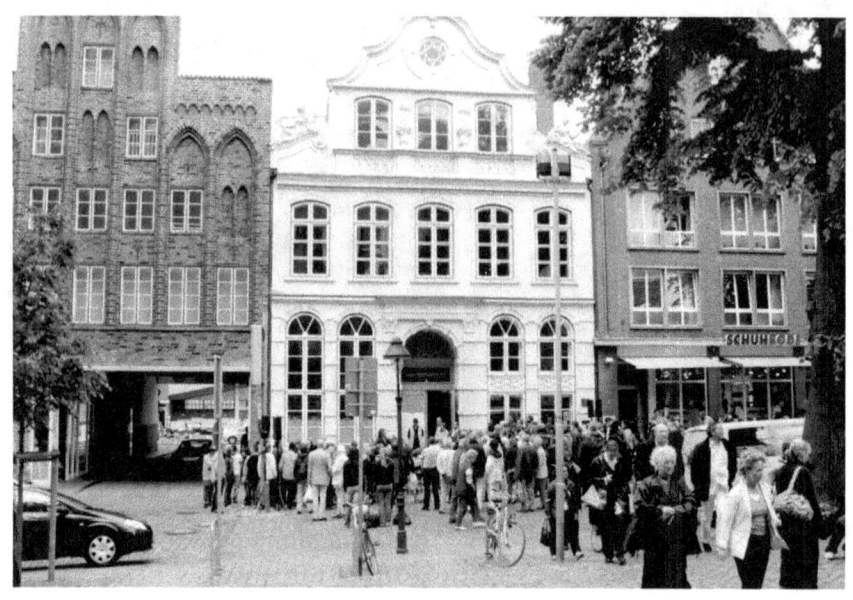

Buddenbrookhaus

Bildnachweis

Günther Bruns (Herrnburg): S. 118–122

EMG (Lübeck): U1, S. 1, 112–113. Abdruck aus: Gerd W. Jungblut (Hrsg.), In meiner Posaune muß ein Sandkorn sein. Briefe 1900–1934. Vaduz: Topos 1984: U4

Judith Hamann (Hamburg): S. 107, 111

Leonhard Schäfer (Florenz): S. 63

Stadtarchiv (Lübeck): S. 112

Stiftung Clément Moreau, Zürich: S. 8, 15–24

Vielen Dank für die Genehmigung des Drucks der Abbildungen.

Publikationen der Erich-Mühsam-Gesellschaft

Die EMG gibt zwei Publikationsreihen heraus: das „Mühsam-Magazin" und die „Schriften der Erich-Mühsam-Gesellschaft". Bisher sind erschienen:

Mühsam-Magazin:

Heft 1 (1989):	(vergriffen)
Heft 2 (1990):	(vergriffen)
Heft 3 (1992):	(vergriffen)
Heft 4 (1994):	Mit der unveröffentlichten Erzählung „Tante Klodt" von Erich Mühsam
Heft 5 (1997):	Mit dem Sylter Tagebuch (1891) von Erich Mühsam
Heft 6 (1998):	Mit Materialien zum Streit um die Mühsam-Rechte
Heft 7 (1999):	Mit Materialien der Tagung „Erich Mühsam und die Kunst" und der Preisverleihung 1997
Heft 8 (2000):	Mit „Im Nachthemd durchs Leben" (1914) von Reinhard Koester, Carl Georg von Maaßen und Erich Mühsam
Heft 9 (2001):	Mit Materialien zum Verhältnis Erich Mühsams zu Senna Hoy, Oskar Maria Graf und Emmy Hennings
Heft 10 (2003):	Mit Materialien zur Rettung der Lübecker Löwen-Apotheke und zur Roten Hilfe
Heft 11 (2006)	Mit Beiträgen zu Margarethe Faas-Hardegger, Johannes Nohl und Peter Hille

Schriften der Erich-Mühsam-Gesellschaft:

Heft 1 (1989):	Chris Hirte: Wege zu Erich Mühsam (vergriffen)
Heft 2 (1991):	Erich Mühsam – Revolutionär und Schriftsteller (2. Aufl. 1997)
Heft 3 (1993):	Erich Mühsam und ... (der Anarchismus und Expressionismus; die „Frauenfrage"; Ludwig Thoma) (2. Aufl. 1998)
Heft 4 (1993):	Die Graswurzelwerkstatt / Erich-Mühsam-Preis 1993 (vergriffen)
Heft 5 (1994)	Der „späte" Mühsam
Heft 6 (1994):	Kurt Kreiler: Leben und Tod eines deutschen Anarchisten
Heft 7 (1995):	Anarchismus im Umkreis Erich Mühsams
Heft 8 (1995):	Musik und Politik bei Erich Mühsam und Bertolt Brecht
Heft 9 (1995):	Zenzl Mühsam: Eine Auswahl aus ihren Briefen. Herausgegeben von Uschi Otten und Chris Hirte
Heft 10 (1995):	Andreas Speck: Sich fügen heißt lügen: Die Geschichte einer totalen Kriegsdienstverweigerung / Erich-Mühsam-Preis 1995 (vergriffen)
Heft 11 (1996):	Frauen um Erich Mühsam: Zenzl Mühsam und Franziska zu Reventlow
Heft 12 (1996):	Erich Mühsam – Thomas Mann – Heinrich Mann. Berührungspunkte dreier Lübecker
Heft 13 (1997):	Birgit Möckel: Das Ende der Menschlichkeit. George Grosz' Lithographien, Aquarelle und Zeichnungen aus Anlaß der Ermordung Erich Mühsams
Heft 14 (1997):	Allein mit dem Wort: Erich Mühsam, Carl von Ossietzky, Kurt Tucholsky – Schriftstellerprozesse in der Weimarer Republik (2. Aufl. 2003)
Heft 15 (1999):	Literatur und Politik vor dem 1. Weltkrieg: Erich Mühsam und die Bohème
Heft 16 (2000):	Erich Mühsam und andere im Spannungsfeld von Pazifismus und Militarismus
Heft 17 (1999):	Dietrich Kittner: Kleine Morde – Große Morde – Deutsche Morde / Zur Verleihung des Erich-Mühsam-Preises 1999 (vergriffen)

Heft 18 (2000):	Thomas Dörr: „Mühsam und so weiter, was waren das für Namen …" – Zeitgeist und Zynismus im nationalistisch-antisemitischen Werk des Graphikers A. Paul Weber (vergriffen)
Heft 19 (2000):	Anarchismus und Psychoanalyse zu Beginn des 20. Jahrhunderts – Der Kreis um Erich Mühsam und Otto Gross
Heft 20 (2002):	„Bücher kann man nicht umbringen" – Zur Verleihung des Erich-Mühsam-Preises 2001 an Mumia Abu-Jamal
Heft 21 (2002):	Erich Mühsam und das Judentum
Heft 22 (2003):	Das Tagebuch im 20. Jahrhundert – Erich Mühsam und andere
Heft 23 (2004):	Ausstellung zum 125. Geburtstag Erich Mühsams – Festschrift mit Preisverleihung an die „junge Welt"
Heft 24 (2004):	„Sei tapfer und wachse dich aus." Gustav Landauer im Dialog mit Erich Mühsam – Briefe und Aufsätze. Herausgegeben und bearbeitet von Christoph Knüppel
Heft 25 (2004):	Die Rote Republik. Anarchie- und Aktivismuskonzepte der Schriftsteller 1918/19 und das Nachleben der Räte – Erich Mühsam, Ernst Toller, Oskar Maria Graf u. a.
Heft 26 (2005):	„Den Schwachen zum Recht verhelfen" – Erich-Mühsam-Preis 2005 an Felicia Langer
Heft 27 (2006):	Von Ascona bis Eden – Alternative Lebensformen
Heft 28 (2007):	„Eingesperrt sind meine Pläne namens der Gerechtigkeit." – Politische Haft, Folter, Todesstrafe: Erich Mühsam und andere
Heft 29 (2007):	„Ferien vom Krieg" – Erich-Mühsam-Preis 2007 an das Komitee für Grundrechte und Demokratie
Heft 30 (2008):	Kunst als politische Waffe oder als Mittel der Aufklärung?
Heft 31 (2008):	Wie aktuell ist Erich Mühsam?

Soweit die Hefte nicht vergriffen sind, können sie bei der EMG oder im Buchhandel erworben werden. Stand: 12/2008

Erich-Mühsam-Gesellschaft e. V., Lübeck

1. Buddenbrookhaus, Mengstr. 4, 23552 Lübeck
2. Sabine Kruse, Charlottenstr. 23, 23560 Lübeck
www.erich-muehsam-gesellschaft.de
www.buddenbrookhaus.de
eMail: info@buddenbrookhaus.de

Längst überfällig war sie. Seit dem 111. Geburtstag am 6.4.1989 existiert sie und soll mit **Ihrer** Unterstützung lebendige Arbeit leisten.

Aufgabe der Erich-Mühsam-Gesellschaft ist es, das Andenken des Schriftstellers zu erhalten, in seinem Geist die fortschrittliche, friedensfördernde und für soziale Gerechtigkeit eintretende Literatur zu pflegen und seine Absage an jede Unterdrückung, Gewalt und Diskriminierung von Minderheiten für die Gegenwart zu nutzen.
Unsere Pläne:

- Aufbau eines Archivs in Lübeck
- Schaffung eines Erich-Mühsam-Museums in Lübeck
- Lesungen und Inszenierungen
- Vorträge und Seminare
- Förderung der wissenschaftlichen Forschung
- Herausgabe weiterer Hefte der Schriftenreihe und des Magazins
- Vergabe eines Erich-Mühsam-Preises

Ein früherer Lübecker Bürgermeister hat – bezogen auf Thomas und Heinrich Mann sowie Erich Mühsam – gesagt: „Dass die auch gerade alle aus Lübeck sein müssen – was sollen die Leute im Reich von uns denken!" Nun – die Brüder Mann mussten emigrieren, Mühsam wurde auf grausame Weise 1934 im KZ Oranienburg ermordet. Das „Reich" ging kaputt ...

Der Schriftsteller, Dramatiker, Bänkelsänger, Lyriker, Zeichner, Essayist, antimilitaristische Agitator und Journalist Erich Mühsam gehört zu den bedeutendsten und vielseitigsten kritischen Talenten Deutschlands im frühen 20. Jahrhundert. Es gilt, diesen wichtigen Sohn Lübecks, der für Frieden und Freiheit kämpfte, in das Bewusstsein der Öffentlichkeit zu bringen.

Die Erich-Mühsam-Gesellschaft e. V. ist vom Finanzamt Lübeck nach § 5, Abs. 1 Nr. 9 KstG mit Steuernummer 662-HL als gemeinnützig anerkannt.

www.ingramcontent.com/pod-product-compliance
Lightning Source LLC
Chambersburg PA
CBHW071200240526
45470CB00017B/608